edition suhrkamp

Redaktion: Günther Busch



Agnes

Erika Runge, geboren 1939, lebt in München. Sie studierte Literatur- und Theaterwissenschaft, promovierte über *Expressionismus im Drama und auf der Bühne* und arbeitet jetzt vorwiegend als Autorin und Regisseurin für das Fernsehen. Publikationen: *Frauen. Versuche zur Emanzipation* 1969; *Eine Reise nach Rostock, DDR* 1971.

Die Beiträge zu diesem Buch sind aus Interviews hervorgegangen. Die Autorin protokolliert Entwicklungen im Ruhrgebiet, Lebensumstände und Ausdrucksweise der Bewohner einer kleinen Stadt, die fast völlig von der benachbarten Zeche abhängt. Arbeiter, Zechenangestellte, ein Beatsänger, eine Putzfrau berichten ihr Leben. Das entscheidende Ereignis, die Stillegung der Zeche, und die Veränderungen im Bewußtsein der Betroffenen zeigen eine Belegschaftsversammlung und das daraus sich ergebende Gespräch zweier Bergarbeiter-Ehepaare.

»Alle Literatur ist bürgerlich. Bei uns. Auch wenn sie sich noch so antibürgerlich gebärdet. Arbeiter kommen in ihr vor wie Gänseblümchen, Ägypter, Sonnenstaub, Kreuzritter und Kondensstreifen. Arbeiter kommen in ihr vor. Mehr nicht. Hier, in diesem Buch, kommen sie zu Wort.« *Martin Walser*

# Bottroper Protokolle

Aufgezeichnet von Erika Runge

Vorwort von Martin Walser

Suhrkamp Verlag

edition suhrkamp 271
8. Auflage, 79.–88. Tausend 1974

Satz, in Linotype Garamond, Druck und Bindung bei Georg Wagner, Nördlingen. Gesamtausstattung Willy Fleckhaus.

# Inhalt

Martin Walser
# Berichte aus der Klassengesellschaft

»Man wurde nicht irrsinnig.« Maria B., Putzfrau, Bottrop.

Die Politiker aller bei uns zugelassenen Parteien reden uns andauernd ein, wir lebten schon in einer Demokratie.
Die Politik-Beobachter und -Macher in den Zeitungen bestätigen das. Jeder hat es hundertmal gehört: Marx hat sich getäuscht, der aufgeklärte Kapitalismus läßt die Arbeiter nicht verelenden, er sorgt für sie, die Klassengesellschaft ist überwunden. Die Aussagen, die in diesem Buch gedruckt werden, beweisen, daß die Politiker und die ihnen zugehörigen Journalisten zumindest einer Selbsttäuschung verfallen sind.
Es stimmt, ich lebe in einer Demokratie, die Politiker leben in einer Demokratie, die Journalisten leben in einer Demokratie. Die Arbeiter und Arbeiterinnen, die hier zu Wort kommen, leben nicht in derselben Demokratie. Wir wollen das nicht wissen. Wir wissen es auch gar nicht. Die Arbeiter und ihre Familien in Bottrop kommen ja nicht zu Wort. Sie schreiben nicht in der Zeitung, sitzen nicht im Parlament, schreiben keine Bücher. Natürlich ist es jedem von ihnen erlaubt, Bücher zu schreiben, Journalist zu werden oder Bundestagsabgeordneter. Auch die schlimmsten Liberalen haben heute nichts mehr dagegen, daß Arbeiterkinder studieren, daß die nach bürgerlichen Maßstäben besonders Begabten überlaufen dürfen, um die bürgerliche Gesellschaft mit Leistung zu nähren und selber dafür aufgenommen zu werden ins privilegienreiche Bürgertum. Das ist überhaupt die Eigenschaft, die das Bürgertum am Leben erhält: diese sogenannte Liberalität, die jedem, der sich der bürgerlichen Leistungsregel gewachsen zeigt, den Übertritt ermöglicht. Dieser Übertritt heißt Aufstieg, heißt Karriere, heißt Erfolg. Er ist mit Annehmlichkeit gesegnet. Wer es geschafft hat, der hat nichts mehr zu tun mit dem Bereich, den er verlassen hat. Er ist oben. Die, die es nicht schaffen, bleiben unten. Die haben sich das selber zuzuschreiben. Die sind einfach nicht tüchtig genug. Die haben schlechte Zensuren von der

Schule bis zur Bahre. Daß jeder bei uns hochkommen kann, daß auch heute noch Imperien gegründet werden können, das steht oft genug in der Zeitung. Die Menschen sind nun einmal nicht gleich. Und die bürgerliche Regel fördert die Ungleichheit, sie belohnt und straft, sie versteht sich selbst als eine Art Naturgesetz; und tatsächlich, es geht unter diesem Gesetz zu wie im Tierreich: man muß sich durchsetzen; der Stärkere überlebt leichter und länger.

In der Theorie, in der Politik, überhaupt im Selbstverständnis und in der Darstellung nennt sich das Bürgertum demokratisch, human usw. Zweifellos nicht nur aus Verruchtheit und böser Absicht, sondern aus der natürlichen Neigung jedes Menschen (und jeder Klasse), sich für gerecht und für gerechtfertigt zu halten.

Das Bürgertum braucht nur an seine schlimmeren Vorläufer zu denken, und schon hält es die bürgerliche Gesellschaft für die beste mögliche Gesellschaftsordnung und sich selbst für das Ziel aller menschlichen Geschichte.

Die Berichte der Leute aus Bottrop heben diesen bürgerlichen Anspruch auf. Das sind Leute, die kein Talent zum Überlaufen und zum Aufstieg haben. Leute, die bei uns auch von keiner Partei und von keiner Zeitung vertreten sind. Leute also, die nicht zu Wort kommen.

Ist das zu grob gesehen und gesagt? Ist die SPD denn gar nichts mehr? Die SPD ist schon noch etwas: Volkspartei. Das ist ein gewähltes Wort.

Da die Mehrheit des Volkes aus »Arbeitnehmern« besteht, wäre die SPD wohl eher Volkspartei geworden, wenn sie Arbeiterpartei geblieben wäre. Aber die SPD hält das deutsche Volk offenbar für eine unveränderbar rechtskonservative Masse, also läuft sie über und gibt sich her für den stillsten Staatsstreich unserer Geschichte, den man die Große Koalition nennt; »große« schreibt man da einfach groß. Das war vor allem für das Großbürgertum ein größerer Sieg als jeder bisherige Wahlsieg der CDU. In einem Bonner Nachrichtendienst für die Wirtschaft konnte man solche Sätze lesen: »Die Wirtschaftsverbände und Unternehmer wollen ihren Kontakt zur SPD verbessern.« »Den Gewerkschaften wird von den SPD-Führern gesagt, sie sollten die Sozialdemokraten nicht

als ihre Partei ansehen.« »Bisher galt Schiller bei den Unternehmern als Ausnahme-Sozialdemokrat. Jetzt scheint die Parteiführung stärker auf seinen wirtschafts- und sozialpolitischen Kurs einzuschwenken. Für die Wirtschaft wird der Fächer des politischen Geschäfts breiter.« Das alles läßt vermuten, daß die Leute in Bottrop in der SPD je länger je weniger zu Wort kommen.
Und in Soziologiebüchern? Da verringert sich die Realität dieser Klasse zu solchen Sätzen: »Arbeiter erleben die Gesellschaft dichotomisch.« Also nicht: unsere Gesellschaft *ist* geteilt in oben und unten, sondern Arbeiter *erleben* sie so. Oder: »Arbeiter haben einen anderen Zeitsinn. Ihnen fehlt das mittelständische Muster der aufgeschobenen Befriedigung, also des Verzichts auf unmittelbaren Genuß zugunsten eines größeren späteren.« Ach, Herr Professor Dahrendorf, warum sagen Sie nicht gleich: Arbeiter versaufen und verfressen ihren Zahltag, haben nur Kino und Fernsehen und Fußball im Kopf, anstatt daß sie ans Sparkonto und die Kapitalbildung denken ...
Nein, in Soziologiebüchern kommen sie auch nicht zu Wort, auch wenn der Soziologe sich noch so tierforscherisch liebevoll mit dieser fremden Sorte beschäftigt. In Literatur und Film kommen sie auch so gut wie nicht zu Wort. Es ist lächerlich, von Schriftstellern, die in der bürgerlichen Gesellschaft das Leben »freier Schriftsteller« leben, zu erwarten, sie könnten mit Hilfe einer Talmi-Gnade und der sogenannten schöpferischen Begabung Arbeiter-Dasein im Kunstaggregat imitieren oder gar zur Sprache bringen. Alle Literatur ist bürgerlich. Bei uns. Auch wenn sie sich noch so antibürgerlich gebärdet. Ich bin nicht so sicher, daß sie nichts als »affirmativ« sei, aber bürgerlich ist sie sicher. Das heißt: sie drückt bürgerliche Existenz aus, Leben unter bürgerlichen Umständen, Gewissen, Genuß, Hoffnung und Kater in bürgerlicher Gesellschaft. Arbeiter kommen in ihr vor wie Gänseblümchen, Ägypter, Sonnenstaub, Kreuzritter und Kondensstreifen. Arbeiter kommen in ihr vor. Mehr nicht.
Hier, in diesem Buch, kommen sie zu Wort. Wer diese Aussagen und Erzählungen gelesen hat, wird wünschen, daß Erika Runge sich wieder auf den Weg macht mit ihrem Tonbandge-

rät, um weitere Bottrops aufzunehmen, weitere von böser Erfahrung geschärfte Aussagen, weitere Seufzer, Flüche, Sprüche und Widersprüche, weitere Zeugnisse einer immer noch nach minderem Recht lebenden Klasse.

## Clemens K.
## Betriebsratsvorsitzender

Ich bin hier in Bottrop geborn. Meine Mutter ist hier geborn, und deren Eltern, die sind hier auch geborn, die könn von mütterlicher Seite aus bis ins 16. Jahrhundert, alle aus Bottrop. Das warn so kleine Leute, die Landwirtschaft betrieben ham. Und mein Vater, der kam da aus der Gegend um Paderborn. Die warn 15 Geschwister, die sind denn nachher alle im Laufe der Jahre, sind die abgestorben. Ich hatte insgesamt 7 Geschwister, wir warn mit 8 Kindern. Meine Mutter ist ja schon früh gestorben, die starb mit 36 Jahre. Ich war der Älteste, ich war 15 Jahre, wo die starb. Soviel ich weiß, an ner Frühgeburt is sie gestorben. Der jüngste Bruder war damals 13 Monate. Meine Brüder ham hier alle im Bergbau gearbeitet. Ich bin ja mit 14 Jahre bereits angefangen. Wie ich aus der Schule kam, hat der Lehrer – das hab ich nie vergessen – der hat mir gesagt: »Clemens, geh du nich auf e Zeche. Du hast Talente. Du könntest was andres machen.« Ich wußte, daß ich das konnte, ich war ja immer der erste. Es sind heute hier noch Leute in mein Alter, die sagen, ich wär n Musterschüler gewesn. Die warn denn manchmal auch ironisch.
Also da kam der Lehrer zu meiner Mutter, das war im 1. Weltkrieg, der Vatter war im Krieg, und er kam hin und sagt: »Frau K., es wäre doch gut, wenn wir Ihren Jungen in eine Klosterschule unterbringen würden.« Von der Schule warn zweie vorgeschlagen. Die sollten dann erst mal Abitur machen und anschließend Theologie studiern. Das ham die Katholiken hier gemacht, die ham sich die Schüler ausgesucht. Ich war nämlich zeitweise auch Meßdiener gewesen, meine Mutter war ja fromm, aber nachher, das letzte Schuljahr, hab ich denn schon nachgelassen. Meine Mutter war begeistert von dem Vorschlag: »Mensch«, sagt sie, »ich hätt ja gerne, wenn du schon mitverdienen würdest, aber das ist für dich besser.« Und gerade bei Pastor oder Geistlicher, da hat die doch gedacht: is doch in Ordnung, dann komm wir nachher alle in Himmel rein. Aber ich hab ihr damals gesagt: »Wenn ich da hin geh, dann kann

ich ja später noch nich mal heiraten – und das möcht ich, wie mein Vatter.« Trotzdem ich das ja nicht richtig überlegt hatte, damals noch nicht, aber ich hatte mir so gedacht: der Vatter is verheiratet, das willst du ja auch sein. Pastor kann ja nicht heiraten. Meine Mutter sagte: »Wenn du nich willst . . .« Dann kam ich mit 14 Jahre hier auf e Zeche. Ich hab mich schnell eingelebt, das warn doch alles Jungens von hier, die warn ja auch mit mir zusammen in ner Schule gegangen. Und als ich 16 Jahre war, auf meinen Geburtstag, hab ich die erste Schicht in e Grube gefahrn, und ich war eigentlich stolz. Aus der Verwandtschaft, da war einer Angestellter auf er Zeche, der hat mir damals gesagt, er hätte mit mein Lehrer gesprochen, er meinte, ich sollte auf e Schule gehn. Die Möglichkeit war vorhanden, man machte erst die Vorschule und dann die Bergschule. Er sagte: »Du kannst das.« Ich hatte mich aber inzwischen so eingestellt auf die Arbeit da unten, auf dat ganze Milieu da, daß ich ihm gesagt hab: »Ich möchte das nich. Ich möcht kein Antreiber wern.« Wir ham die Leute ja als Antreiber betrachtet. Ich würd das ja heute etwas anders beurteilen. Denn wenn ich eine Schule besuche, dann eigne ich mir ein Wissen an und kann das nachher verwerten – für oder gegen, das ist ganz klar. Und dann hat der mit mir ne ganze Zeit nich gesprochen, weil ich nich zur Schule ging. Wie ich die erste Schicht hier auf er Zeche gemacht hab, das war im Sommer, da kam ich nach Hause, da sagt meine Mutter noch abends – ich hab dat nie vergessen: »Jetzt ham wir wenigstens schon einen, der mithilft verdienen.« Und wie ich das hörte, hab ich mir so gedacht: »Mensch, das is eigentlich gut, daß du jetzt schon . . .« Hab ich mich denn gefreut, daß ich die da schon mithelfen konnte. Ich hab ja auch schon gerechnet, man war ja nich so dumm.

Die Mutter ist 1920 gestorben, der Vatter war dann ne ganze Reihe von Jahren, ich glaub, 14 Jahre war er Wittmann. Er sagte immer, er heiratet nich eher, bis der Kleine aus er Schule kommt. Na, dann hat er nachher, der Jüngste war 15 Jahre, dann hat er geheiratet, in Ostpreußen, hat da auf ein kleines Anwesen eingeheiratet. Er hatte ja Rente vom Bergbau aus und war ziemlich rüstig. War er in Ostpreußen, kam nachher als Flüchtling zurück, war dann bis 53 in Osnabrück und is denn da gestorben. Er war ein alter Sozialdemokrat, der Vatter. Er war ein fanatischer Anhänger in ner Gewerkschaft und auch in der Sozialdemokratischen Partei und hat sich auch bei den Arbeiterkämpfen rücksichtslos betätigt. Wenn die gestreikt haben oder so, der hat alles mitgemacht. Und er hat sich nachher mit mir schon rumgestritten, wie ich so 17, 18 Jahr war. Da kamen ja damals die Kommunisten auf. Ich war erst auch Anhänger durch meinen Vatter von der SPD. Nachher war mir das doch nicht so recht, die Politik, die die machten, damals, mit dem Panzerkreuzerbau. Ich bin damals hauptsächlich wegen dem Verbot des Remarque-Films *Im Westen nichts Neues*, da sind wir als Jungens nach Holland gegangen, mit Fahrrädern, dat is von hier 70, 80 Kilometer, sind wir hingefahren, sind wir über die Grenze im Kino gegangen. Hab ich gesagt: »Dat is doch ne Schweinerei, daß wir hier das verbieten!« Hatte die Regierung damals, wo doch die Sozialdemokraten ungeheuren Einfluß hatten, die ham den Remarque-Film verboten. Da schrieb damals noch die Zeitung von Dortmund: »Das Verbot des Remarque-Films wird der Sozialdemokratischen Partei mindestens 30 bis 40 Mandate kosten.« Da hatt ich mit meinem Vatter eine gewaltige Auseinandersetzung wegen dieser politischen Einstellung der Sozialdemokratischen Partei. Er wollte es aber nicht zugeben. Die Nazis hat er ja gehaßt. Als er in Ostpreußen war, hat er erst mal richtig gestaunt, welchen Einfluß die Nationalsozialisten da auf dem Lande hatten. Denn die Leute warn ja primitiv, die warn dumm, die warn wenig geschult, die ham keine Ahnung gehabt. Er sagte mir damals: »80jährige Frauen, die noch rüstig warn – die hatten braune Uniformen an!« Und Hitler hat ja damals geprahlt: »Ostpreußen ist das beste Land!« Er konnt doch mit den Leuten da machen, was er wollte. Wie der Vatter hier zurückkam, hat er hier noch für die Sozialdemokratische Partei kassiert in Osnabrück. Nach langem Für und Wider sagt er mir denn eines Tages: »Wenn ich mir das so überlege, dann hast du doch nicht ganz unrecht.« War ich erstaunt. Ich sag: »Wieso?« Sagt er: »Ja, die machen heute eine ganz andere Politik wie die Sozialdemokraten das früher gemacht haben.« Das war schon kurz vor seinem Tode, da hat er das doch erkannt.

Früher war dat ja so: die Alten, die hatten ja auch wenig Einkommen. Jetzt ham die Flaschenbier angeschafft, wollten die Geld verdienen. Da ham die nix mit verdient. Die Kumpels, die hierher kamen, die hatten doch wenig Geld, die ham auf Pump genomm, meistens. Und da hab ich gesehn, wie die immer die Alten beschwindelt ham. Die ham nich bezahlt und so. Ich sag zu denen, ich kam ja denn schon mal öfter her: »Jetzt wolln wir mal die Sache in die Hand nehm. Dat geht ja so nich, dat die hier euch beschwindeln.« Und denn hab ich manchem gesagt: »Du, hör mal, du hast jetzt schon soundsoviel genomm, hast nie bezahlt . . .« Und der hat sich geschämt und bezahlt. Und dann kam die Lotte dann, die war ja in Holland, kam die in Urlaub, bin ich mit ihr tanzen gegangn. Ich sag: »Wolln wir nich tanzen gehn?« Die Brüder alle mit und so. Dann war so ne Karnevals-Veranstaltung, hier bei den Kuckhoff, ich sag: »Komm, da gehn wir mal hin. Da ziehst du dir mal ein Kostüm an.« Ich glaube, ich hab ihr das Kostüm sogar noch besorgt, so Rokoko, weiß nich, so ausm Altertum, Mittelalter. Sind wir da hingegangn. Die Schwiegermutter is mitgegangn, die ging mit, die Alte. Aber die is nachher abgehaun. Ich hatt wohl so ne Mütze aufgesetzt oder sowas, da mußte ja jeder etwas machen, etwas verkleiden mußte man ja, sonst kamst da gar nicht rein, im Lokal, im Saal. Und wir ham denn da getanzt, und ich hab denn da allerhand erzählt. Da kamen wir denn immer näher zusamm, nich, und zuletzt ham wir denn geheiratet. Das war Ende 29. Dann kam die Erika. Und n Jahr später war ich schon arbeitslos. Und drei Jahre später kam ich schon im Gefängnis.

Die Nazi, die kamen doch immer hier hin, die SA, und dann war ich ja nicht zu Hause. Die Verhaftungen war n ja meist willkürlich. Dann ham sie die Leute verhaftet, die man normalerweise nie verhaftet hätte. Wir warn ja sehr schlau. Aber dann hatten die hier bei uns die Kreisleitung verhaftet, den Emil Sch., und ich weiß nicht, wer da all noch war. Und ich hatt abends noch ein Flugblatt entworfen, hier mit den dullen K., der heute son großes Kruzifix da in seine Wohnung stehn hat, und noch n paar andre, ham wir n Flugblatt gemacht. In ne Nacht abgezogen bei den alten D., hier auf Schemelstraße, und ham das morgens hier im Dunkeln verteilt, auf de Zugangsstraße nach *Rheinbaben*. Ich hab das organisiert. Das war ja vorher schon ausgebildet: wenn die Illegalität kommt, ham wir sofort eine Kreisleitung. Und von dieser Kreisleitung war ich der Vorsitzende. Ich war damals 27 Jahre, ungefähr 28 Jahre. Dann hab ich sofort die Sache in ne Hand genomm, wir ham sofort ein Flugblatt gegen die Verhaftung rausgegeben und ham das auch verteilt. Jetzt hatte ich noch einige Flugblätter übrig behalten. Ich bin hier abends angehalten worden von ner Polizei, da hab ich aber Glück gehabt, daß mein Bruder nich dabei war: der war verwegen! Hier in Bottrop hat er ein Nazi, wie der in Uniform ihm angesprochen hat, sofort umgehaun. Der war ziemlich stark, er hat auch eine lose Hand gehabt. Jetzt hat die Polizei mich auch nich untersucht, und wir sind denn schlafen gegangn. Ich hatte n paar Flugblätter über und hab sie mir in ne Schuhe gesteckt. Ich hab meiner Frau nichts gesagt, war ja verboten. Und morgens kommt die Polente. Jetzt ham wir damals ja auch keine 10 Paar Schuhe gehabt, ich denk: ziehst du jetzt die Schuh an? Dann wern die unter Umständen sehn, daß du da Flugblätter in die Schuhe hast. Dann bin ich so in Schlappen auf der Polizeiwache erschienen. Jetzt ham andre mich ausgelacht, Genossen: »Hoho! Mit Schlappen! Ich hätt mich erst angezogen! Wenn auch Nazi komm.« Ich sag: »Ja ... die ham mir das nich mehr gestattet. Ich mußte so abhaun.« Ich hab ja nicht gesagt, daß ich Flugblätter drin hatte im Schuh. Und meine Frau, irgendwie sind die das wohl gewahr geworn: Schuhe nachgeguckt, Flugblätter verbrannt.

*Seine Frau erzählt:*
Eines Morgens, mein Vatter war grad im Stall, der war da gerade seine Schweine am ausmisten, da hat er sie immer aufn Hof laufen lassen und hat von draußen die Tür zugemacht und hat denn den Mist rausgeschmissen und hat den Stall sauber gemacht, nich. Und morgens, der Vatter guckte raus, so durch die Tür, der denkt: Was ist denn da los? Das ganze Haus umstellt, voller Polizei – da wollten sie mein Mann. War morgens ½ 7, war noch dunkel, war so, 6. Oktober ist meine Tochter geboren, das war so ganz Ende September. Ja, da wollten sie meinen Mann holen. Und mein Mann wollte

austreten gehen, und weil der Vatter da im Stall war, konnte er da nicht, ich hab Ihnen ja schon erzählt, daß wir damals die Toiletten im Stall hatten, und da ist er dann irgendwo rausgegangen, wir haben hier son Spielplatz... Und die haben gedacht, mein Mann wär im Stall, und da riefen die, mein Vatter möchte da öffnen. Der wußte ja nicht, wer da war, und da sagte er, er hätte seine Schweine draußen, und da hätte niemand die Tür loszumachen, die sollten warten, bis er fertig wär. »Oho!« sagten die. »Ham Sie man nicht son großes Mundwerk!« und so. Mein Vater wußte ja gar nicht, was los war. Da kamen die die Treppe nach oben, und ich lag noch im Bett, wollt grad aufstehen, war noch früh, war dunkel, ich denk: Wat is dat für Gepolter? und auf. »Wo is Ihr Mann!« Ich sag: »Mein Mann?« Ich war ganz erschrocken, ich sag: »Mein Mann!« Ich fühl da im Bett, Licht angemacht: »Ja, mein Mann, weiß ich gar nicht, muß er wohl austreten gegangen sein, nich.« Ja, ich sollte das nur nicht sagen, ich sollte sagen, wo mein Mann ist. Ich sag, das könnt ich ihnen nicht sagen, und sie müßten schon entschuldigen: »Lassen Sie mich erst sicher aus dem Bett raus, ich kann so schnell nicht, ich bin hoch in Umständen, und ich möchte mich auch gern erst mal anziehen.« Und ich sag zu meiner Mutter: »Wo ist denn der Clemens überhaupt?« Und indem kam mein Mann zurück. Ich hab das auch nicht gewußt. Und da sagten sie: »Ist er das?« Und mein Vater guckte so: »Was ist denn hier los, was ist los?« »Ja, wo ist Ihr Schwiegersohn?!« Sagt mein Vater: »Ja, da kommt er an.« Der ahnte ja auch nicht, wat los war. Da ham se n denn sofort so mitgenommen, wie er war, Schuhe konnt er sich noch nicht mal anziehn, der war nur in Schlappen, und so wie er draußen war, so ham se n denn auch gleich mitgenommen.

Paar Tage drauf, da kamen die denn morgens auf Transport, und meine Tochter wurde denn nachts geboren. Mußte Mutter die ja morgens anmelden gehen, holte sie zu gleicher Zeit ihre Arbeitslosenunterstützung. Da sah sie gerade, wie die Männer alle auf große Autos geladen wurden. Da sah sie zufällig meinen Mann. Sagt sie: »Ich hab ihm noch heimlich n paar Zigaretten raufgeschmissen, sie durften ja nichts mehr ... Aber die hat er so doch eben mit dem Fuß wegscharren können.« Und da hat die Mutter ihm bloß eben zugerufen, wär ne Tochter geboren. Seitdem war ich eigentlich nie richtig mehr in Schuß. Ich bin heut noch nervlich fertig. Man war noch ne junge Frau und dann ... ewig so dran gedacht. Und dann hab ich die Zeit noch so viel geweint. Ich glaub, das Kind hat das schon mit. Meine Hebamme, die sagte immer: ich sollte das nicht, das Weinen, denn ich hab das Kind gestillt, da sagt sie: »Mit der Milch, da zieht das Kind das alles ab, das wär nicht gut.« Aber das kam von selbst ... Bis nachher, da wurde man auch hart. Mit der Zeit, da lernte man auch alles.

Ja, also Schwiegermutter kam an, die war ja verwegen, die Frau, die kam mit Zigaretten an. Jetzt war doch alles abgesperrt, die konnten an uns nich ran. Auf einmal hat mich die Alte gesehn, hat mir so gewinkt, und rannte einfach durch die Postenkette durch, ein Kerl rannte ihr noch nach, aber wo der ihr gehabt hat, da war sie schon am Auto und hat mir noch zwei Schachteln Zigaretten gegeben. Der Alte war ja auch arbeitslos, wir ham ja nich viel Geld gehabt. Sagt sie: »Heute is ja die Kleine angekomm. Lotte hat ja ein Mädchen gekriegt.« »Naja«, sag ich, »ich hab schon gesagt, wenns zweite n Mädchen is, dann werd ich auf Wanderschaft gehn. Jetzt sollt ich auf Wanderschaft gehn – jetzt komm ich im Gefängnis!« Ich hab immer noch Blödsinn gemacht.
Da war ein Auflauf in Bottrop, Autos von Recklinghausen, von Gelsenkirchen, die wurden alle zusammengefaßt und dann gings ab nachn Rheinland, nach Brauweiler. Die ham sich da noch verfahrn in ne Rheinwiesen, oh je, da kamn wir bald gar nich an. Und wir ham da n Haufen Bekannte getroffen. Kamen wir also nach Brauweiler, und n paar Wochen drauf kamen wir nach Esterwegen. Da ham se uns da aus de Züge rausgehaun mit Gewehrkolben und alles ...
Während der Nazizeit – ich war hier immer am Arbeiten, in der Grube. Son Betrieb, da warn 60, 70 Leute beschäftigt, die ham alle Kohle gemacht, mit Abbau-Hammer, das war schwere Arbeit. Und dann is es ja dunkel da unten. Licht ham wir wohl gehabt, aber – man kann sich dat nich vorstelln, dat is schlechtes Licht. Trotzdem: die Lampen warn verhältnismäßig gut, aber heute ham die schon bessres Licht. Und das

staubte denn auch stark. Und denn warn ja während des Krieges, 43 bis 44, hauptsächlich Kriegsgefangene mit der Kohlegewinnung beschäftigt. Ich war ja auch schon in de 30er Jahre, ich war ja auch noch aktiv am arbeiten, aber die meisten warn schon so als Wächter bei den Kriegsgefangenen eingesetzt. Wir hatten Franzosen und Belgier und Holländer, die ham alles eingesetzt, und Leute, die sie so kassiert hatten in Polen und wer weiß wo. Aber zuletzt warn meistens Russen eingesetzt, hunderte von Russen. Und da war ich in einem Betrieb, man nannte das Streb, das warn so vielleicht 2 bis 300 Meter, da warn vielleicht 70 Leute beschäftigt. Und wir mit 4 bis 5 Deutsche, warn wir beschäftigt. Die andern Deutschen warn alle Aufsichtsleute. Die schlugen denn immer auf die Russen rum mit n Gummiknüppel, besonders, wenns so zum Ende der Schicht ging. Schon zu Anfang der Schichten mußten sie s Hemd ausziehen, der Steiger sagte: »Ich kann das nicht sehn, wenn die Leute n Hemd anhaben, das is n Zeichen dafür, daß sie sich nicht genügend anstrengen.« Ob dat kühl war oder nich, die Kriegsgefangenen mußten die Hemden ausziehn. Wenn einer da langging, der konnte gar nicht mehr unterscheiden, ob das n Kriegsgefangener, ob das n Deutscher ist. Und wie in meiner Nähe da einige Leute geschlagen wurden – ich konnt mich ja auch nich reinmischen, ich war als Kommunist bekannt, ich war ja auch im KZ gewesen 33, da konnt ich mir auch nicht zu viel erlauben. Trotzdem, ich hab manchmal Kameraden drauf hingewiesen und hab ihnen gesagt: »Das is ne Schweinerei, wenn ihr die Leute schlagt. Das is doch nicht in Ordnung.« Und da sagt ich zu einem: »Hör mal, was sie da wieder schlagen. Wenn mir einer schlägt – wenn mich hier einer schlägt – den schlage ich mit dem Beil den Schädel entzwei. Das laß ich mir nicht gefallen.« Wir hatten ja Handwerkszeug alles bei, wir mußten ausbaun, oder Hammer. »Ich bin kein Kriegsgefangner, trotzdem ich mit den Gefangnen eingereiht werde.«

Also, ich hab da die ganze Zeit zwischen den Russen gearbeitet. Und eines Tages kam ein Steiger, den kannte ich gut – Steiger war so ne Aufsichtsperson – der sagt zu mir: »Du, für dich hab ich eigentlich andre Arbeit, ich muß da son neuen Betrieb vorrichten ...« Der kannte mich, bevor er auf die Schule anfing, die Vorschule, hatte ich ihm mal ein Aufsatz gemacht, hatte ihm mitgeholfen. Der wollte mir auch n Gefallen tun, das hab ich wohl gemerkt, der wollte mich da rausziehn. Jetzt hat er mich da eingesetzt, und jetzt kommt der Betriebsleiter und sagt: »Was machen Sie denn hier?« Ich war auch frech, trotzdem da Nazi-Zeit war, ich sag: »Ich? Dat sehn Sie, wat ick hier mache, ich arbeite hier!« Sonst warn alles Kriegsgefangene, wir warn da mit drei Mann, und ich habe auch die andern beiden, die die Leute da bewachten, noch beeinflußt – kannten mich doch alle, war ich doch schon n alter, anerkannter Mann da auf der Zeche – und denn ham die auf mich gehört. Dadurch hattens ja die Russen besser. Und wie der Betriebsleiter so gesagt hat: »Was machen Sie hier?«, war der Direktor noch dabei, »das is doch hier keine Arbeit ...« Ich sag: »Ich hab mich doch hier nich eingesetzt ...« Da kommt der Steiger nach der Schicht zu mir, sagt er: »Hast du schon mal was mit Politik zu tun gehabt?« Ich sag: »Das müßtest du doch wohl wissen.« Sagt er: »Mann, ich hab ein aufn Hut gekriegt! Ich muß dich sofort wegnehmen.« Die ham mir nicht zugetraut, daß ich mit Gefangene umgehen würde, warn doch alles Russen! Und ich war da als Kommunist bekannt. Und die dachten: wenn der da die Russen beaufsichtigt, dann kann sein, daß die irgend etwas ausknobeln. Daher kam das. Und dieser Steiger hat mich dann noch woanders eingesetzt, aber überall, wenn der Betriebsleiter mich gesehn hat, hat er mich da sofort weggenommen. Ich mußte immer die schlimmste Arbeit machen, das war in der Produktion an ner Kohle. Trotzdem ich auch andre Arbeit hätte machen können. Immer, wenn ein Steiger kam, der mich schon kannte von Jugend auf, setzten einen denn ein, mußten ja zuverlässige Leute ham als erster Mann, immer wurde ich weggenommen. Der Betriebsleiter, der war ein aktiver Nazi, der sagt: »Das ist keine Arbeit für Sie!« Der Mann hat mich gehaßt. Dann hat mich der Steiger nachher auf de Nachtschicht verfrachtet, da sagt er: »Jetzt nehm ich dich da ganz weg. Da kommst du mit dem Betriebsleiter nicht mehr in Berührung.« Kam ich auf Nachtschicht. Da war ich eine Zeit auf Nachtschicht, da hat er mich da entdeckt! Und n paar Tage drauf, da kam ich zum Volkssturm ...

Denn kam ich beim Volkssturm, ham se mich auch nich getraut. Eine Woche war ich beim Volkssturm. Ein ganzes Revier von hier, 150 Mann, hatten se an der holländischen Grenze. Da warn wenig Kommunisten, da warn viele Nazi bei. Wir kriegten Uniform. Ich hatte ne besonders braune Uniform. Und noch einer, der is aber dann gefallen, bei ner Brückensprengung; das war auch n alter Kommunist. War auch hier schon mal Betriebsrat gewesen, der war aber einige Jahre älter wie ich. Die hatten hier diese Junkerschulen, die Uniformen ham die nachher auch rübergeholt fürn Volkssturm, da hatten wir solche Uniformen. Da sag ich noch zu dem: »Mensch, August, wir sind keine Nazi, wir sind gegen den Krieg«, hab ich ihm so unter vier Augen gesagt, »wir sind alte Kommunisten. Und wenn die kommen, hier, die schlagen uns kaputt – wir ham hier die braunste Uniform an von allen.« Ich konnte ja nicht sagen: »Ich zieh die Uniform nicht an.« Bei einer Geschichte ham sie Leute fotografiert. Jetzt hab ich mich zurückgestellt, ich wollt nicht fotografiert werden in der Uniform. Da ham die Nazi mich gezwungen, da sagt der: »K., warum willst du dich nicht fotografiern lassen? Warum wolln Sie sich nicht fotografiern lassen?« Ich sag: »Ich? Ich will da gar nich aufm Bild drauf. Ich lege gar kein Wert da drauf.« Ich konnt ja nicht sagen: »Ich will mit euch nichts zu tun haben!« Ich hab mich irgendwie ausgeredet. Aber dann ham sie mich trotzdem gezwungen, daß ich da aufm Bild kam. Dann ham sie mich, das hat hier der Betriebsleiter gemacht, nachher freigestellt als Soldat. Da hatt ich noch 5 Wochen Ausbildung und kam dann – am Rhein war schon die Front, bei Wesel, kam ich denn da hin. Ich hab auch zu den Leuten gesagt: »Denkt Ihr denn, ich bin bekloppt und laß mich da die letzten Tage noch kaputtschießen. Ich mach da Schluß.« Da sagten die: »Wenn du alleine in Gefangenschaft kommst, haun die dich kaputt.« Naja, aber ich war, glaub ich, zwei Tage, da war ich schon in Gefangenschaft, beim Amerikaner. Kam ich denn nach Frankreich hin, kam ich noch aufm Schiff, ich bin noch ungefähr in Amerika gewesen. Wir sind verschifft worden in Cherbourg. Die Schiffe nannten sie damals Hungerschiffe, sind glaub ich, zwei oder drei Schiffe abgegangen von Cherbourg. Ich hab mich noch gemeldet da im Lager, warn deutsche Ärzte, warn auch Kriegsgefangene, wurden wir zusammengestellt, solche Ersatztruppen. Da warn Jungens von 19, 20 Jahre und Männer vielleicht von 50 Jahre. So ein Klump war das. Und da war ich denn mit drin. Ich hab ja mit den Jungens auch gesprochen, ich sag: »Macht euch keine Illusionen ...« »Ja, wenn wir nach Amerika kommen ...!« Die Jungs ham mir leid getan, die hatten Hunger, und die am elendesten runtergekommen warn, das warn die, die so Schüler gewesen warn, so Abitur gemacht hatten oder vielleicht auch gerade am studiern warn. Nachher wurde ja kein Unterschied mehr gemacht, das ging ja schon zum Ende des Krieges. Die ham trotzdem manchmal auf mich gehört. Aber die warn so runtergekomm. Unsereiner war ja hart, weil man das raue Leben gewohnt war. Wir warn da Könige in dieser Situation. Ich hab denen immer gesagt: »Jungens, wir müssen uns zurückhalten, daß wir nach Amerika nich hinkommen. Denn wenn wir da hinkommen, dann lassen die uns nicht mehr raus, bis wir das Fahrgeld verdient haben. Da komm wir so bald nich weg.« Ich hab mich beim Arzt gemeldet, Untersuchung: »Och, du kannst das vertragen! Überfahrt – du hältst noch mehr aus!« Ich sag: »Nee, ich halt dat nich aus, ich geh kaputt unterwegs.« »Nee, nee.« Ich konnt nichts machen. Ich bin ab. Da hatten sie son Holzfaß mit Kalk, und dann stand son Mann da, hat son großen Pinsel gehabt, und jeder mußte dann vortreten, taucht er ein, und malt dann eine Nummer auf den Rücken. Und ich hatte damals hier in Esterwegen Nummer 303. Das werd ich nie vergessen, in Cherbourg, im Hafen, krieg ich auch dieselbe Nummer aufn Buckel: PW, als Kriegsgefangener, und dann die Nummer. Und dann aufn Schiff, sind wir abgefahren. 17 Tage warn wir aufm Ozean. Dann warn wir so 200 km vor der amerikanischen Küste, dann war hier die allgemeine Kapitulation, 8. Mai. Da sprach ich mit ein, der konnte englisch, war ein Großkaufmann, der sagt zu mir: »Du, wir ham Ostkurs. Wir gehn wieder zurück.« Ich sag: »Das glaub ich nicht. Woher weißt du das?« Sagt er: »Ja, ich hab gehört. Die ham sich unterhalten.« Er verstand die Sprache, dat war ja n Vorteil. »Och, das is ja in Ordnung!« Morgens bin ich schon um 4 Uhr aufgestanden, ging denn aufn Deck, wir warn denn schon intressiert mit einige Leute, wir ham denn aufgepaßt, ob das stimmt. Morgens, wie die Sonne aufgeht – ham wir gesehn, die Spitze vom Schiff geht auf die Sonne zu. Anders konnt man sich ja nicht orientieren. Die ham uns ja auch nichts gesagt. Warn wir froh. Wir warn die ersten Rückkehrer aus Amerika. Damals warn das die Kaiser-Särge, die warn aus Beton, glaub ich, die warn als Truppentransporter und Frachter ausgerüstet. Von Kaiser sind die, glaub ich, entworfen und fabriziert worden, in Amerika. In diesen Schiffen wurden wir transportiert. Und die Verpflegung war ja gefaßt worden bis wir da an de Küste ankommen – dann is dat in Ordnung. Aber jetzt, wo wir zurückkamen, das lag nicht im Plan. Mußte man die Verpflegung aufteilen. Da gabs dann ganz geringe Rationen. Deshalb die Bezeichnung: Hungerschiffe. Da ham wir uns beschwert bei dem Schiffskommandanten. Ich sag: »Wir komm mit dem Essen nicht aus, wir gehn ja hier alle kaputt. Wenn wir nicht mehr zu fressen kriegen, dann gehn wir kaputt.« Da sagt der: »Ja, jetzt seid ihr am Jammern, früher wart ihr alle Nazi, habt alle Leute umgebracht, alle Leute unterdrückt.« Ich sag: »In gewisser Hinsicht mag das zutreffen. Aber ich war kein Nazi.« »Ihr wart alle Nazi!« Naja, wir konnten nichts machen. Wir sind dann wieder gelandet. Wir kamen nach Le Havre hin, da bin ich nachher noch krank geworden und bin da, verdammt, noch bald draufgegangen. Ich wog da nur noch 80, 82 Pfund. Ich konnt nich essen und nix, obwohl ich solchen Hunger hatte. Ich hab da n paar Wochen gelegen. Das war gerade kurz vor dem, wie ich da raus kam. Es ging schon ein Transport ab. Die ham schon gesagt: Bergbau! Da ham schon einige gedacht: Wenn wir uns melden, komm wir nach Belgien oder nach Frankreich in Bergbau. Ich sag: »Ach, ich melde mich.« Jetzt hatt ich mich gemeldet. Der Arzt sagt mir, der mich untersucht hat: »Wenn du jetzt abfährst, dann gehst du kaputt. Dann kommst du nicht mehr nach Hause. Du mußt bleiben. Nächsten Transport, vielleicht, wenn du dich erholst, kannst du mit.« Dann kam der andre Transport, das war im September 45, da kam ich dann mit.

Wir wurden von den Amerikanern in Reinbeck den Engländern übergeben, so in Waggons, wo man Kartoffeln drin transportiert, stand ne Kanne Wasser und sowas drin. Aber bevor daß wir übergeben wurden, kamen die noch an die Waggons, ham die Plomben abgemacht, und sagten: »Wer hat hier noch ne Uhr, hier, wir ham gutes Fleisch.« Und wenn einer gesagt hat: »Uhr«, ham se noch abgenommen, wir konnten ja nichts machen, hat nichts zu essen gekriegt und nichts. Und am andern Morgen wurden wir den Engländern übergeben. Ham wir uns noch beschwert, aber hat nichts mehr genutzt. Und dann ham die Engländer uns mit LKWs nach Bochum in ein Übergangslager gebracht. In Bochum war dann son Stacheldraht rum, da kam Leute die hier aus der Gegend warn. Da stand son Feld mit Rüben. Wir sagten: »Bringt uns doch mal solche Rüben«, und die Leute kamen, Kinder, Frauen, die ham uns da gebracht, die Rüben, da ham wir die so gegessen gleich. Wir hatten ja ungeheuren Hunger. Und dann ham uns die mitn LKW in die einzelnen Städte, wo die Leute herkamen, wir warn hier so mit 30 Mann aus Bottrop, brachten die uns hier nachm Arbeitsamt. Arbeitsamt hat uns sofort eine Vermittlung ausgeschrieben, und dann wurden wir entlassen mit dem Hinweis, uns sofort auf der Zeche vorzustellen. Na, ich fiel ja bald um, ich konnt doch diese Arbeit nicht machen. Ich sag: »Ich geh kaputt.« Aber ich war froh, dat ich hier zu Hause bin. Sag auch: »Ich werde da schon mit fertig wern. Wenn ich erstmal da weg bin.« Und wie ich nach Hause kam: Ich stieg hier an der Haltestelle aus – und meine Frau stieg da ein. Sie wußte das ja nicht, daß ich kam, ich hatte ja auch nie geschrieben, konnte ja auch nicht. Sie stieg da ein und fuhr nach Osnabrück, sie war da gewesen während des Krieges und wollte da Bettwäsche und sowas holen. Ich kam hier her und sag: »Na, wo ist die Lotte?« Zur Schwiegermutter. Sagt sie: »Lotte ist gerade abgefahrn.« Ich sag: »Mit dieser Straßenbahn? Mensch, ich bin doch hier ausgestiegen! Naja, dann laß sie fahrn.« Und ich war so schwach . . . Da sind wir nachher noch rübergefahrn und ham Oberbetten geholt, ich konnte nicht mal n Oberbett tragen. Meine Töchter, die warn – Erika war ungefähr so 16, Lieselotte war ungefähr 12, und die Rita, die Kleine, nun jetzt ist sie 22 Jahre alt, die war da gut n Jahr. Die Mädels kannten mich ja, aber die Kleine hat mich nicht gekannt. Wie ich nun anfing zu sprechen, da hat die so bitterlich geweint. Die warn doch alle eingezogen,

die Männer, die war nur unter Frauen: meine Töchter, meine Frau, meine Schwester, und die hat auch ne Tochter gehabt, und dann noch n kleinen Junge, aber da war doch kein Mann da, dat Kind wuchs doch unter diese Frauen auf. Und ich hab etwas tiefe Stimme, jetzt sprach ich hier, und dat Kind hat so bitterlich geweint, die hat solche Angst gehabt. Die hörte doch jetzt erste Mal ne Männerstimme! Da war die platt! Und Schwiegermutter hat immer geschimpft, wenn ich gesprochen hab. Ich hab das dann manchmal extra gemacht, ich wollt doch sehn, wenn die wieder weint, die Kleine. Nich, dat ich die irgendwie schikanieren wollte, mich hat das eigentlich Spaß gemacht. Und die Schwiegermutter, die wollt mich dann verhauen, die sagt: »Mach das Kind nich so in Angst! Du weißt, daß sie für Männer Angst hat!« Ich sag: »Na, ich tu ihr doch nichts.«
Und dann ham uns aber die Engländer nachm Arbeitsamt gebracht und wir wurden sofort vermittelt in Bergbau. Jetzt geh ich hierhin und melde mich da bei dem Betriebsleiter. Betriebsratsvorsitzender war ein Kommunist, der kannte mich gut. Der sagt zu mir: »Verdammt, biste endlich wieder da. Nun, wir könn dich ja hier gut gebrauchen. Da kannste ja hier anfang.« Ich sag: »Mensch, ich bin doch halb kaputt, ich muß mich erst ein paar Wochen ausruhn.« »Naja . . .« Jetzt ging ich zum Betriebsleiter, der sagt: »Sie könn hier anfang. Wenn Sie binnen einer Woche nicht anfangen, wern Sie entlassen.« Ich denk: »Och, der kann mir doch viel erzähln.« Ich ging zum Arzt, der Arzt sagt: »Du kannst nicht arbeiten.« Der kannte mich. Da bin ich erst noch n paar Wochen zu Hause gebliem, und dann fing ich an zu arbeiten. Dem Betriebsführer, dem hab ich nie vergessen, wie der mir sagt: »Wenn Sie binnen einer Woche nich anfangn, dann sind Sie entlassen.« Und n Halbjahr später hab ich mich bei ihm vorgestellt als der gewählte Betriebsratsvorsitzende. War er platt, fing sich sofort mit mir an zu streiten. Ich sag: »Ich will Ihnen mal was sagen: bevor, daß wir uns überhaupt streiten«, – ich hatte noch gar keine Erfahrung als Betriebsrat, ich war wohl in der Arbeiterbewegung gewesen – »es is ja heute erforderlich, daß man eine Zusammenarbeit organisiert. Aber wenn Sie jetzt schon anfangen, mir Vorwürfe zu machen, dann wird die Zusammenarbeit

nicht funktionieren. Auf eins möcht ich Sie hinweisen: wenn Sie mit mir sprechen, dann sprechen Sie mit 3500 Mann.« Da war der schon wieder platt. Der war baff. Aber im Laufe der Zeit hab ich mich ja denn durchgesetzt. Halbjahr war ich im Betriebsrat, da wurde ich gewählt zum Gesamtbetriebsratsvorsitzenden, von 40 000 Leute, Arbeiter und Angestellte, ganz *Hibernia*. K. und N., das warn zwei sozialdemokratische Betriebsräte, da kamen die Betriebsratsausschüsse auf *General Blumenthal* zusammn, um den Arbeitsausschuß zu wähln, sagten die zu mir: »Wenn wir da hinkomm, mußt du zur Diskussion sprechen, damit die dich hörn, und dann schlagen wir dich vor« – ich bin von Sozialdemokraten vorgeschlagen wordn – »und dann wirst du dort gewählt.« So wie das gesagt wurde: ich hab da zur Diskussion gesprochen, drei, vier Mann sind vorgeschlagen wordn, ich bekam die meisten Stimmen und war somit der Vorsitzende im Gesamtbetriebsrat. Hab mich denn am andern Tag sofort vorgestellt beim Vorstand der *Hibernia*. Der Generaldirektor is heute schon tot, hat son Bart gehabt, sah richtig aus als ein alter, würdiger Kapitalistenvertreter. Ich hab mir gedacht: So sieht ein Kapitalist aus. Ich hab noch nie son Vorstandsmitglied gesehn, nich. Und ich war so mager, ich kam schäbig an. Wie ich jetzt da hin kam, sagt er: »Um Gottes Willen! Ich habe keine Anweisung von der Militärregierung! Ich kann das doch gar nicht.« Ich sag: »Ich will Ihn mal was sagen: ich bin gewählt. Und wenn Sie sich nicht unterhalten wolln, dann müssen Sie die Konsequenzen ziehn. Bilden Sie sich nicht ein, daß wir noch in der Nazizeit sind. Wenn ich mit Ihnen spreche, dann sprechen Sie mit 40 000 Leuten. Ich habe das Recht, bin hier beauftragt von meinen Kameraden ...« Ich hatt noch zwei Mann bei mir. »Augenblick, Augenblick!« sagt er, »ich fühle mich ja regelrecht überfahren.« Hat er sich drei, vier Experten - und das warn alte, aktive, ehemalige Nazi. Da war son niedrigen Tisch, son Tisch hatt ich noch nie gesehn, son großes Dingen, da warn so Karten drauf, Landkarten, alles unter Glas. Da saßen wir dann mit ihm. Ham sofort Zigarren hingestellt, Schnaps. Hat mir der eine Direktor gesagt: »Wie is dat, wolln wir nich ne Flasche Schnaps trinken?« Trotzdem ich ganz gerne wohl einen gehabt hätte, ich sag: »Den Schnaps, den könn Se sich alleine trinken. Wir ham Schnaps auf der Schachtanlage, dafür komm ich nich nach Herne hin. Ich komm hier wegen andre Dinge nach Herne.« Der hat mich nie mehr angehalten wegen Schnaps, dieser Kerl. Dann hat der sich mit den Leuten zusammengesetzt, und hat dann den angerufen – wie hieß der doch noch, der war von uns im Vorstand, auch n Genosse, der war mit im Hauptvorstand, ein Ingenieur, ich komm jetzt nich auf den Namen – der hat den angerufen, und der hat dann gesagt: »Müssen Sie anerkennen. Wenn Sie ihn nicht als Gesamtbetriebsrat anerkennen könn, wo das Gesetz noch nicht besteht, dann als Arbeitsausschüsse. K. ist der Vorsitzende des Arbeitsausschusses, is gewählt.« Und dann ging das. Dann hat das floriert.

Hab ich antelefoniert: »Ich lege eine Sitzung fest, wir müssen uns unbedingt unterhalten.« »Ja«, sagten die zu mir, »dann könn Sie ja rüberkomm ...« Ich sag: »Und wie ist das? Glauben Sie, ich fahr mitn Fahrrad nach Herne? Das kommt doch wohl nich in Frage! Ihr habt soundsoviel Autos. Wenn da nicht ein Wagen kommt, dann wer ich Ihnen was andres beweisen. Der Vorsitzende des Gesamtbetriebsrats hat ja wohl das Recht, hier hinzufahren.« Und die ham mir n Wagen geschickt, alles. Wenn wir da hinkamen, ich hab mich ja meist nicht angemeldet, ich fuhr einfach hin. Ich sage: »Ich habe das Recht hier, soundsoviel Leute zu vertreten – ihr seid ja nur geduldet.« Da hatt ich mal ne Auseinandersetzung, da hatten die n Akademiker eingestellt. Ich wurde eingeladen als Betriebsratsvorsitzender. Ich komm da hin – 3, 4 Direktoren, mindestens 7 oder 8 Leute von der Elite, alles Akademiker mit Ausnahme von zwei Mann, der Betriebsführer und so, das warn ja Bergschüler. Die saßen da. »Oh!« sag ich, »das habt ihr euch ja nett ausgeknobelt, mich ganz alleine hier zu laden. Normalerweise dürft ich mit euch nich verhandeln. Aber damit ich nich den Eindruck erwecke, daß ich Angst hätte, werde ich mir das anhörn, was ihr sagt. Aber auf etwas einlassen werd ich mich nicht.« Dann ham die mir denn eröffnet, daß sie den Mann da einstelln wolln als Ausbildungsleiter. Ich sage: »Ich kenne den Mann gar nicht. Sie ham Pech gehabt, ich lehne das ab.« Da trat hier der Betriebsführer auf und

sagt: »Hier, der K., ist ein Egoist.« »Na«, sag ich, »da bin ich aber fertig, Augenblick mal . . . Jetzt will ich Ihnen mal was sagen: ich bin bei der letzten Wahl von über 90 Prozent der Belegschaft gewählt worden, in geheimer Wahl. Und von euch ist kein einziger gewählt worden. Stelln Sie sich einmal vor, wenn Sie, meine Herren, die hier sitzen, wenn Sie von einer Wahl abhängig wären. Von euch wär keiner da. Aber ich wär da, mit n Haufen Leute.« Da warn die platt. Springt der Direktor auf: »Um Gottes Willn! Wolln wir das nicht in eine solche Diskussion ausarten lassen!« Die Diskussion war aber beendet. Der Kerl ist nicht eingestellt worden. Da ham die nachher mit uns gesprochen, und nachher hat der Kerl wohl selbst kein Wert mehr drauf gelegt, er kam gar nicht mehr wieder. Dann ham se uns nachher von einem andern die Papiere vorgelegt – und dann wurde der eingestellt.
Meine Töchter, das warn noch so halbwüchsige Mädels, die gingen zur Mittelschule, die beiden ältesten. Die Erika, die hat ja sogar noch bei der Prüfung in Bottrop, hat sie für die Schüler die Ansprache gehalten, sie hat auch n gutes Zeugnis gehabt. Da hat sie nachher hier ein Arzt als Sprechstundenhilfe übernommen. Und der Kerl hat sich um ihr umgebracht, der hat keine Kinder gehabt, der kam hier manchmal hin und hat die beiden Mädels mitgenommen, die ältesten, sagt er: »Mensch, ihr könntet meine Töchter sein!« Hat er sich so gefreut. Sagt er: »Ich weiß, wie euer Vater eingestellt ist, das spielt für mich keine Rolle. Ihr seid anständige Menschen.« Darum ging ihm das. Und die zweite, die wollt von der Realschule runter, mit 14 Jahre, sie wollt ein Handwerk lernen. Ich war damals stark mit Arbeit überlastet, ich hab da auch nich so viel aufgepaßt, sonst hätt ich das nicht zugelassen. Schwiegermutter hat mich auch beredet: »Wenn die doch da will, dann laß ihr doch.« »Ja, ja, dann laß ihr.« Kam sie hier in die Lehre, hat sie so Modistin gelernt. Hat sie ja auch mit Diplom abgeschlossen und alles. Und die dritte jetzt, Rita, die hab ich denn zur Schule geschickt, Realschule auch, und die Rita war ja auch n bißchen schnippisch. Jetzt hatten die einmal was erzählt, mehrere Mädels, über ein Mädchen – der Vater war ein strenger CDU-Mann, ein Gastwirt, und dessen Tochter ging denn das letzte Jahr zur Schule, die war so 16,

17 Jahre – da hat die Rita gesagt zu einem Mädchen: »Die bekommt ein Kind.« Und ich komm jetzt nachmittags nach Hause, ich sag zu meiner Frau: »Wo is Rita?« Dat war immer meine erste Frage, wenn ich so nach Hause kam. In ein, zwei Stunden war ich ja denn auch schon wieder unterwegs. Ich sag: »Wo is Rita?« Das fiel mir auf, weil die nich da war. Da sagt sie: »Ja, eß, eß mal erst. Die wird wohl gleich komm.« Und wie ich gegessen hatte, da fing die an zu weinen, meine Frau, die sagt: »Hier, les das mal.« Und ich les: »Fristlos entlassen.« Meine Frau hat sofort erkannt, was das heißt: »Die kommt jetzt wieder in die Volksschule«, und war noch vielleicht drei Monate schulpflichtig. Die KPD war verboten, wir warn aus dem Parlament ausgeschlossen – und kurz darauf wurde die aus der Schule entlassen. Na, ich mit meine Frau sofort nach der Schule hingefahrn. Da kam die Rektorin und diese Lehrerin, bei der sie war. Die Lehrerin war eine Flüchtlingsfrau, die war die Tochter eines Pastors aus Ostpreußen oder Westpreußen. Und die hat meine Tochter gehaßt. Die wußte, daß ihr Vater Kommunist war. Dann ham die irgendetwas ausgeknobelt. Ein andres Mädchen hatte sich noch viel mehr erlaubt, ich wollt nich, daß die runterflog, aber die flog ja nicht von der Schule, nur meine Tochter. Dann bin ich hingegangen und hab ihnen gesagt: »Ich weiß, warum die rausfliegt. Erstensmal, weil ich Mitglied des Stadtparlaments war als KPD-Vertreter, weil ich in verschiedenen Ausschüssen auch manchmal die Wahrheit gesagt habe, und weil es meine Tochter ist, und weil es ein Arbeiterkind ist!« »Um Gottes Willen«, sagt die Rektorin, »sagen Sie doch nicht Arbeiterkind, ich stamme auch von einem Arbeiter ab!« Ich sage: »Dann ham Sie aber eine ganz falsche Einstellung, dann ham Sie das schon vergessen, sonst würden Sie die nicht rausschmeißen.« Und ich hab die dann so in die Enge getrieben – die ham die Rita aber nich in de Schule aufgenomm. Dann bin ich mit ihr zu dem Gastwirt gefahrn. Kam da in ner Wirtschaft rein, da war kein Mensch drin. Da war solche Frau am Bedienen, ich sag, ich muß ja irgendwie n Anfang machen, wollt da so direkt nich mit der Tür ins Haus falln; ich sag: »Is der Chef nich da?« »Ja«, sagt sie, »der is eben rausgegangen.« Ich sag: »Dann bring Se mir mal n Bier. Und für die Rita da – Limo-

nade.« Wir saßen, und der Wirt kam: »Sie wolln mich sprechen?« »Ja, ich wollt Sie sprechen.« »Was is Ihr Wunsch?« fragt er. Ich sag: »Ja, ich bin der K.« Ou, da war er platt. Ich sag: »Dat is meine Tochter. Sie ham doch da so auf de Pauke gehaun, daß die aus der Schule entlassen wird.« »Ja!« sagt er, »wegen mir soll die Steine klopfen!« Ich sag: »Die klopft keine Steine. Das is aber eine erbärmliche Einstellung, die Sie ham, denn Sie sind ja auch n Vater. Nach meiner Auffassung is das ne verbrecherische Einstellung.« Naja, also: hin und her. Ich hatte mich mit ihm noch unterhalten, in dem Moment kommen 6 oder 7 Gewerkschaftler rein, der Gewerkschaftsvorstand aus diesem Stadtteil, Sozialdemokraten, CDU-Leute und, glaube ich, ein oder zwei Genossen. Und wie die mich da sahn: »Ach, Clemens, was machst du hier?« Und sprachen den Wirt sofort mit Vorname an und sagten: »Kennst du den Clemens auch?« Die warn doch stolz, die warn von unsrer Schachtanlage, daß er da mit mir am Tisch saß. Ich hab ja nix gesagt. Und der hat auch nichts gesagt. Der war aber jedenfalls platt. Und die – sofort n paar Runden bestellt. Aber nachher, wie ich wegging, hab ich ihm gesagt: »Sie ham ja gesehn, ich hab ja nichts gesagt. Aber die Leute kenn Sie ja besser wie mich, sie haben gesehn, welches Verhältnis ich mit denen habe. Wenn ich denen da klaren Wein einschenke – die werden Ihnen Schwierigkeiten machen. Dafür will ich garantiern.« Und bin abgegangen. Und am andern Tag hat dieser Wirt angerufen an der Schule und hat gesagt: er hat nichts dagegen, wenn sie auf einer andern Schule unterkommt. Er hatte also durch seine CDU-Angehörigkeit alles blockiert, auch in der Nachbarstadt, daß sie nicht unterkommt. Dann kam die da in Gladbeck an. Und dadurch hat sie ja ihren Jungen kennengelernt, wo sie jetzt mit verlobt ist. Dann wollten sie einmal unter den Mädels und Jungens so ne Zusammenkunft machen. Da sag ich: »Wenn du mit dem Jungen gehn willst, dann muß er aber hierher erscheinen.« Der wollt nich kommen, hat sich geschämt – aber der kam. Ich sag: »Naja, dann is das in Ordnung.« Ich konnt ihr das ja sowieso nich verbieten, die wär ja sowieso gegangen wie sie jetzt mit dem Jungen ging – der hat sie so beeinflußt. Der war auch für Schulen, der is ja jetzt Ingenieur, der hat ja jetzt Prüfung gemacht. Dann wollte die auf einmal weiter zur Schule gehn. Verließ sie die Realschule, sagt sie: »Jetzt möcht ich aber noch nichts anfang, ich möcht noch weiter zur Schule.« »Dann is ja gut!« sag ich. Ham wir sie hier in der Höheren Handelsschule – wurde in Gladbeck eröffnet. Zwei Jahre Höhere Handelsschule, und die hat die da mit Erfolg abgeschlossen. Und jetzt ist die Mutter gestorben von dem Jungen, jetzt ist sie da beschäftigt, die macht da Buchhalterin. Die war auch hier schon bei ner Firma, die is bestimmt gut angesehn gewesen, die ham sich geärgert, wie sie hier abgehaun ist.

*Seine älteste Tochter erzählt:*
Wir sind ja alle zur Mittelschule gegangn, und mein Vatter, der hat das damals schon gemacht, obwohl mein Eltern das ja sehr schwer fiel, uns zur Schule zu schicken, da wurde noch 10 Mark Schulgeld bezahlt. Ja, und unsere Große, die lernt auch ganz gut, die schlug ganz gut ein, und der Lehrer sagte mir damals schon, also, wir sollten se zur Schule schicken. Nu war wohl die Frage, wohin: ob zur Realschule oder eben zur Oberschule. Und dann sind ja Elternversammlungen in ner Schule, und der Lehrer sagte zu mir: also, wenn er mir raten dürfte, ich sollte se zur Oberschule schicken, sollte se s Abitur machen lassen, dann hätte se ja auch ganz andere Fortbildungsmöglichkeiten. Und unsere Michaele selbst, die möchte immer gern Lehrerin, möchtse werden. Sicher, es gibt Eltern, die sich nicht getraut haben, ihre Kinder in de Oberschule gehen zu lassen, es sind doch bei den Arbeitern viel begabte Kinder, wo die Eltern aus Angst sich eben sagen: »Ich kann da nich mithelfen bei den Schularbeitn, und dann tu ich das nich.« Michaele, die hatte in ihrer Klasse, also aus ihrer Klasse sind vier zur Oberschule gegangn, drei Mädchen und ein Junge. Und dieser Junge, der ging mit unserer Michaele immer zur Volksschule, die is so furchtbar ängstlich und machte den Schulweg nie allein, na und der wohnt hier etwas weiter, und die Mutter is auch sehr nett, er wartete dann morgens immer da an der Ecke. Und der is auch sehr tüchtig in der Schule gewesen, und da sprach ich mal mit der Mutter, morgens, und da sagt se: »Sagn Se mal, Frau K., was machen Sie eigentlich, schicken Sie die Michaele wohl zur Schule?« Sagt se: »Ich bin mir das am

überlegen, der Günter hat wohl n gutes Zeugnis, aber, och, für uns Arbeiter, da lohnt sich das nich, wir könn dem Jungen sowieso kein Studium finanziern, und warum soll er dann erst die Schule durchmachen, er kann ja nachher auch irgendwo in die Lehre gehn.« Und dann hab ich ihr gesagt: »Ja, Frau M., ich will Ihn mal was sagn, also ich denk wieder anders darüber. Wenn ich ein Kind hätte, das begabt wäre, vor allen Dingen noch für einen Jungen, der für sein ganzes Leben ja noch den Beruf braucht, ich würde ihn bestimmt zur Schule schicken.« Sagte se: »Ja. Wat mein Sie denn, soll ich ihn zur Realschule schicken? Ich hab dat mit meim Mann scho ma überlegt.« Ja, ich sach: »Der ist doch so begabt, der schafft das, es ist die Schulgeldfreiheit, ich würde Ihn nur zum Gymnasium raten!« Na, sie hat sich das überlegt, und als wir dann die Elternversammlung hatten, sagt se: »Ja, ich hab mich durchgerungen, also, er soll dann doch zum Gymnasium gehn, und dem Jung mach das auch Freude.« Ja, sehn Se, wenn ich vielleicht mit der Mutter nich so eindringlich gesprochen hätte, hätt se das vielleicht nicht getan. Ich meine, sicher, viele sagen: »Och, n Mädchen hast du zur Schule geschickt, hätt ich aber nich getan, Mädchen, die heiraten doch später mal –« Und ich steh wieder auf dem Standpunkt: das kann man ja gar nich wissen, denn heutzutage, bei der Gleichberechtigung, die Frauen müssen doch grad so gut ihren Mann stehen, wie die Männer auch, nich, un was einer gelernt hat, das kann einem keiner nehm.

Dann kam ja damals die Währungsreform, und dann kriegten die Leute alle 40 Mark. Und da gab es erstemal Schwierigkeiten mit dem Geld. Die Verwaltungen warn etwas zögernd mit der Auszahlung vom Lohn. 48 im Sommer wars, im August. Nun, wir sind denn da hingefahrn, ich hab mit der Verwaltung verhandelt, ich sag: »Die Leute ham jetzt soundsolange kein Geld bekommen ...« Ich verhandelte natürlich für die ganzen Schachtanlagen, das warn damals 13 Schachtanlagen, 2 Kokereien und ein Chemie-Betrieb. Und jetzt sagten die: »Wir ham im Moment nicht so viel Geld zur Verfügung, wir könn im höchsten Falle 10 Mark für die Ledigen und 20 Mark für die Verheirateten auszahln. Mehr Geld ham wir nicht.« Dann hab ich ihnen gesagt: »Wenn Sie das wahrmachen, dann garantier ich nich dafür, daß die Leute arbeiten werden. Ich zweifle dran. Dat wern die sich nich gefalln lassen.« »Naja, versuchen Se mal. Wir ham im Moment nich mehr Geld.« Nun, wir kamen zurück von Herne. Ich kam denn hier auf de Schachtanlage und hab denn sofort gesprochen zu den Leuten, die ham sich da versammelt aufm Platz, und ich sprach da von ner Treppe aus. »Ich kann da nichts dran machen, die wolln nich mehr auszahlen. Ich bin nicht der Überzeugung, daß das richtig ist, aber ich kann im Moment nichts anders machen wie euch das zu erklären, und ich bin der Auffassung, wir könn uns das nicht gefallen lassen.« »Wir gehn nicht arbeiten!« sagten die. Ich hatte mir das schon so ausgeknobelt: wenn die heute Mittag anfahren, die sind alle rebellisch. Die treffen auf die Morgenschicht, die kommt jetzt raus, die sind auch rebellisch. Ich sag: »Morgen machen wir eine Belegschaftsversammlung, laden wir die Direktoren.« Jetzt am andern Morgen, da warn da von den 3000 Mann über 2000 Mann da, schon morgens, vor 6 Uhr. Alles schwarz vor Menschen. Der Direktor kam. Vom Podest aus ham wir denn da gesprochen. Zuerst hab ich gesprochen, da hab ich den Leuten gesagt, wat los is. Und dann der Direktor. Also, der Direktor sagt: »Ich kann nichts machen«, und gebraucht unter anderem den Ausdruck: »Ich kann auch aus Scheiße keine Diamanten machen.« Sagt der Direktor! Und die Kumpels ham ihm das krumm genommn. Naja, jetzt sag ich zu den Leuten: »Ich werde mit der *Hibernia* verhandeln, mit dem Vorstand, ich werde ihm das sagen, daß ihr nicht einverstanden seid.« Und da riefen einige: »Wir fahrn nicht an! Nich eher bis wir Geld kriegen!« Da sag ich zu dem Direktor: »Na, dann müssen wir abstimmen lassen.« Sagt der Direktor zu mir: »Wir könn doch nicht abstimmen.« Ich sag: »Wenn die das verlangen!« Die warn am Rufen. »Ruhe! Hier wird abgestimmt! Wer is dafür, dat gearbeit wird?« Warn vielleicht 10 Mann, 10, 15 – von 2500. Und dagegen warn alle. Da wollt kein Deibel einfahrn. Da sagt der Direktor zu mir: »Glauben Sie dat nich, wat die hier abgestimmt haben. Die heben alle die Hand hoch ohne Überlegung.« Ich sag: »Wolln wir ja sehn ...« Was die Notstandsarbeiten am Schacht sind, die Anschläge und Wasserhaltung, und die im Elektrizitätsraum warn, die warn ja an ihre Arbeitsplätze. Aber wie jetzt einige kamen, vielleicht 20, 30 Mann von der ganzen Belegschaft, einfahrn wollten, sind die auch noch stiften gegangn. Die sagten: »Wir lassen uns doch nachher nich erschlagen.« Da is kein Mensch angefahrn mehr. Und da sagt der Direktor, er hat mir nachher antelefoniert: »Wir müssen ja sehn, dat wir die Leute wieder an de Arbeit kriegen.« Ich sag: »Ja, müssen sehn, dat die Leute Geld kriegen. Dann arbeiten die.« Das war vielleicht so gegen morgens 9 Uhr, 9.30, da hab ich so viele Telefonanrufe bekommen: vom Unternehmensverband, von Direktionen, überall: »Sagen Sie mal, was ist denn da los!« Dann, so gegen 11 Uhr, kriegt ich dann Bescheid: »Die zahlen 50 Mark für Verheiratete und 30 Mark für Ledige.« Damals war ja das Geld noch geringer, der Lohn und das alles. Im Moment könn sie nich mehr zahlen, ich sollt der Belegschaft das beibringen. Ich sag: »Naja, dat is n Gedanke. Ich werde heute Mittag die ganzen Kameraden zusammrufen lassen.« Und dann kamn die mittags alle da hin. Hab ich noch den Gewerkschaftsvorsitzenden vom Bezirk, der hieß Sch., der war auch ein Kommunist, der Alte. Ich sag: »Hans, die Leute sind rebellisch.« Sagt er zu mir: »Dat wird jetzt schwer sein, die an de Arbeit ranzukriegen. Denn die ham ja jetzt das Ziel erreicht, die kriegen Geld. Und wenn die jetzt unnötig weiterstreiken und kriegen denn da nichts für, dann sind sie vorm Kopf gestoßen. Wir ham ja das erreicht, was wir im Moment wollten, das Nahziel.« Jetzt hab ich gesprochen zu den Leuten: »Also, Kameraden, wir ham jetzt das Geld bekommen, wir fangn wieder an.« Und das war so schön Wetter, und die riefen mir zu: »Sag mal das, was du denkst!« Ich sag: »Ja, Leute, ich denke wirklich so, ihr müßt an . . .« »Das kannst du uns nich plausibel machen!« riefen viele. »Sag, was du denkst! Du darfst das nicht sagen, du willst nicht mit dem Gesetz in Konflikt kommen, du kannst uns nicht aufwiegeln. Aber: sprech anders!« Und dann hat der Sch. – ouh, die ham ihm ausgepfiffen, trotzdem, der hat gut gesprochen – war nix zu machen. Ich denk: ja, was solln wir jetzt tun? Auf einmal kam mir das so im Kopf, ich denke: na, der Gedanke wird in Ordnung sein, ich sag: »Kameraden! Ich weiß, es is ja unter den Arbeitern so, daß der eine den andern

unterstützt. Die Morgenschicht is nicht eingefahrn. Schon ham wir das Geld bekommn. Die Mittagsschicht und die Nachtschicht erklärt sich solidarisch mit den Leuten von der Morgenschicht. Keiner will anders gestellt sein. Und ich mache folgenden Vorschlag: wir feiern den heutigen Tag gemeinsam ab, und morgen gehn wir wieder an die Arbeit.« »Bravo!«, die warn am Rufen. Da sagt mir ein alter Sozialdemokrat: »Heute hast du deine Meisterprüfung bestanden. Ich hab schon Angst gehabt, daß die nich mehr arbeiten gehn.« Ham se sich n guten Tag gemacht, war schön Wetter, hatten Geld gekriegt. Andern Tag fuhrn die Leute alle wieder an.
Die Leute, die hier auf de Schachtanlage beschäftigt warn, wenn die als Invalide abgehen, denn ham die das Recht, die ham vielfach keine Badeeinrichtung, ham wir ja auch nich, gehn die auf de Schachtanlage waschen. Wenn ich da hinkomm, trotzdem ich 40 Jahre aufm Pütt war, denn wird sofort alles alarmiert, die dürfen mich nich reinlassen. Aber wenn die samstags sich waschen gingen, die Hälfte kam denn immer aufn Betriebsratszimmer. Die wollten nur was hörn. Betriebsratszimmer war immer voll Leute. Ich konnte manchmal nichts machen, ich bin denn einfach rausgegangen. Ich hab se auch nich weggejagt, das war ja kameradschaftliche Unterhaltung. Jetzt kommt der Alte, der kam jeden Samstag. Da hat er mir denn gesagt: »Wie is dat? Sprichst du bei mir am Grab?« Ich sag: »Wer ich wohl müssen.« Und dieser Mann hatte den Spitznamen Lügen-Christian, der hat geschwindelt, der war da bekannt ... Kommt er eines Tages, sagt er: »Du, ich hab jetzt meine Beerdigungsrede fertig. Hab ich sofort mitgebracht. Wenn ich kaputt geh, sprichst du bei mir.« Ich hab die Rede durchgelesen und hab gedacht: ojeh, wenn ich das rede da! Dat kannst nich machen! – Na gut, ich hab ihm die Rede wiedergegeben, er wollt sie ja wiederhaben, hat sie sich zu Hause eingeheftet. Nun, es hat vielleicht n Halbjahr gedauert: der Mann war tot. Die Tochter, er hat bloß eine Tochter gehabt, kam zu mir: »Herr K., sprechen Sie am Grab?« »Mädchen, ich hab ihm das versprochen«, sag ich, »selbstverständlich.« Sagt sie: »Komm Sie doch mal zu uns hin, dann wolln wir uns n bißchen besprechen. Er hat ja seine Rede fertig.« Da lag doch seine Rede da, die lag da, die war eingeheftet, der hat alles

geordnet gehabt, war auch n alter Funktionär. Ich guck mir die Rede nochmal an: »Dat muß ich mir aber nochmal überarbeiten. Stell dir mal vor, wenn ich das da alles spreche, wat der geschrieben hat, da machen wir uns lächerlich.« Na, er sagt zum Beispiel: »Wenn ich euch auch manchmal im Scherz habe belogen – die Arbeiterschaft, die hab ich noch nie betrogen.« So ungefähr hat der das, und hat dann die Verwaltung kritisiert und alles, und er nimmt das nicht so tragisch, daß er jetzt sterben mußte, wir solln uns auf seiner Beerdigung ruhig einen trinken und solln dann ne anständige Feier machen, denn das wird für jeden auch kommn – in der Form hat der seine Rede da gemacht. Und den einen Satz, den hab ich ja da vorgelesen, da hat schon alles am Grab gelacht – ich denk: du kannst das hier nicht zu einer Lustspielveranstaltung machen ...

Das war 1953, ich hatte hier kandidiert, für die KPD, fürn Bundestag. Und wir hatten morgens eine Sitzung mit der Direktion. Das war nach der Wahl. Sonntags war Wahl, montags war Sitzung. Auf einmal rappelts Telefon. Einer nimmt n Hörer ab: »Hier, für dich.« Ich sag: »Ja?« Sagt mir der Pförtner: »Du, hier stehn 50 Leute, die sind rausgefahrn.« Ich sag: »Wat? 50 Mann? Wat is denn?« »Sollst mal rauskomm.« Wir ham uns abgeschlossen, sonst liefen uns die Leute immer rein und ham uns die Sitzung gestört, konnten wir nich machen. Naja, ich ging denn raus. Ich sag: »Wat is denn mit euch los?« »Jo, wir ham da nur soundsoviel Lohn ...« Ich weiß nich, wieviel dat war, war unterm Tarif. »Da arbeiten wir nich für.« Ich sag: »Müssen wir mal sehn ... Tja, gestern hat alles CDU gewählt.« Adenauer hat damals absolute Mehrheit gekriegt. »Und ich habe gerade eine Verhandlung mit einem gewaltigen CDU-Mann. Wenn der auch nich in der Partei is, aber zumindestens is er ein Anhänger: der Direktor! Und hoffentlich is dem das Wahlergebnis jetzt nich in Kopf gestiegen. Denn die ham gewonn, nich wir.« »Och, wir ham keine CDU gewählt ...« Manche guckten vor sich, ich hab das doch sofort eingeschätzt, ich wußte: jetzt hab ich euch ein gegeben, ihr habt das verstanden. Geh ich da rein, der Direktor sagt: »Die müssen sofort einfahren. Gehn Sie hin, sagen Sies ihnen!« Ich sag: »Nee, dann gehn Sie mal hin und sagen Sie denen das. Denken Sie, ich laß mich da die Knochen kaputthaun? Und

im übrigen sind das meine Kameraden, ich sag denen das, was ich für richtig halte.« Sagt er: »Die Leute müssen anfahrn!« Ich stand da inzwischen in ner Waschkaue. Und ich hab mal in ein Buch gelesen: wenn ein Mensch nackend ist, dann is er unsicher. Jetzt kam der Direktor aus der Grube – die ham sich ja alle gewaschen. Dann ging er da hin. Jetzt will der mich doch quitt werdn. Jetzt kam ich zu ihm, sag ich: »Wie is dat?« »Mensch, Sie könn ein auch nich in Ruhe lassen!« Ich sag: »Wie is dat denn nun, da sind 50 Leute ...« »Ja, Sie sind ein alter Quälgeist! Naja, dann gebn wir schon zu!« Siehst du, denk ich: hast Recht gehabt. Hab ich später jungen Kerls das erzählt, jetzt ham die alle gelacht. Ich sag: »Ihr müßt jede Gelegenheit ausnutzen, um für die Kameraden was rauszukriegen. Ich habe immer das Prinzip gehabt, für die Leute, die mich gewählt haben, das Höchstmögliche rauszuholen.«
Nun war Aufsichtsratswahl. Und da komm wir dann da nach Gladbeck hin. Jetzt ham schon einige Kameraden da gewartet, und zwar warn das Kameraden von der Zeche *Wilhelmine Viktoria*, die stillgelegt werden sollte seinerzeit. Und die sagten zu mir: »Clemens, wir schlagen dich zum Aufsichtsrat vor.« Ich hab ihnen gesagt: »Ich lehne das ab, es hat kein Zweck, das is vergebliche Mühe, was ihr da macht. Ich geh in den Aufsichtsrat nich rein.« Ich habe ihnen gesagt: »Das nutzt ja nichts, wenn ich da 20 oder 15 000 Mark bekomme im Jahr, wo ich nix für machen brauch, damit is ja keinem Kumpel geholfen, und mir sind die Hände gebunden.« Die Mitbestimmung stell ich mir natürlich anders vor. Nach meinem Dafürhalten müßte das so sein, daß mehr Rechte wärn, nicht nur da n paar Aufsichtsräte, daß das so gehandhabt wird, 5 Mann von der Unternehmensseite, und 5 Mann von der Arbeitnehmer-Seite, und dann der unparteiische Mann, der ja sowieso nicht unparteiisch ist, der ist ja parteiisch. Es müßte eine solche Mitbestimmung sein, daß die gesamte Belegschaft an dieser, an der Durchführung der Mitbestimmung Anteil haben könnte. Es müßte zum Beispiel, der Betriebsrat müßte ein Mitspracherecht ham bei der Planung. Bisher ist es nur so, ich hab das als Betriebsrat immer erlebt, ich konnte mitbestimmen, wenn einer entlassen wird, wenn einer bestraft werden soll – bei unpopulären Dingen. Er müßte ein Mitspracherecht ham bei

den Ausgaben. Er müßte das Recht haben, die Bilanzen einsehen zu können, und wenn er nicht fachlich dazu in der Lage ist, müßte er das Recht haben, Fachleute heranzuziehen, die in seinem Auftrage die Dinge kontrollieren, damit der Unternehmer nicht machen kann, was er will, damit er den Arbeiter nicht vorgaukeln kann: hier, wir haben mit den und den Einbußen gearbeitet.
Ich hab das noch nicht gehört, daß es in irgendeinem Land so ist wie bei uns, daß eine Regierung Geld zahlt für Stillegungen, für die Vernichtung von Volksgut. Ich bin der Meinung, das Vordringlichste, die primäre Frage, wär, daß die Eigentumsverhältnisse im Bergbau geändert werden. Und zwar aus dem Grunde, weil ja die Unternehmer bewiesen haben, daß sie nicht in der Lage sind, den Bergbau zu führen. Ich glaube, daß durch die letzten Vorkommnisse ganz eindeutig erwiesen wird, daß der Bergbau sich auf privater Basis nicht durchführen läßt. Und ich will sogar noch weiter gehn: es müßte, wenn man die Frage der Energie, das ist nicht nur eine Frage der Kohle, da hängt die Elektrizität und Atom und Öl, das ist alles mit einbegriffen, das müßte alles nationalisiert werden. Also, man müßte das in Gemeineigentum überführen, die gesamte Energie-Wirtschaft.
Ich wurd dann hier als Peppone bezeichnet. Kommt ein Kumpel, das Kirchenblatt hat er mir gebracht: »Du, da stehst du in e Zeitung.« Ich sag: »Wo?« Da stand: »Wer im roten Eigen der Peppone ist, das weiß jeder.« Und der Pastor wär als Don Camillo. Das war, als der Film aufkam, ich hatt den noch nich gesehn. Und kurz darauf erscheint der Artikel anläßlich des 60. Geburtstages von dem Mann, der wohnt hier vielleicht 3 bis 400 Meter, da is die Kirche, ham sie hier gebaut, früher gabs hier keine Kirche. Und da ham se da geschrieben, ich hätte denen Schwierigkeiten gemacht, wenn die Glocken hier geläutet hätten, »aber der Peppone ist jetzt ruhiger geworden«. Und der hat sich am meisten immer gewundert, daß ich hier die ganzen Stimmen von der Belegschaft bekam, denn die meisten Leute gehörn doch einer Glaubensgemeinschaft an. Hab ich dem Redakteur gesagt: »Wenn mein Name auch nich steht, dat weiß sowieso jeder, wer Peppone is und wer Camillo is. Sie sprechen immer von Gegenspieler – die Zeit der

Christenverfolgung is vorbei. Denn wenn der Papst den Gromyko einladet zu einem Interview, da kann man von Gegenspieler zwischen Peppone und Don Camillo doch gar nicht mehr sprechen.« Und wat denken Sie wohl, am Samstag drauf, 3, 4 Tage: *»Darüber spricht Bottrop:* daß der Peppone Clemens K., dem Don Camillo, Pfarrer L., zu seinem 60. Geburtstag gratuliert hat. Er sagt: Die Zeit der Christenverfolgung ...« Hat der Kerl das in die Zeitung reingehaun. Jetzt kam hier einer zu mir, der hat mir die Zeitung sofort mitgebracht: der hat gelacht. Und einige Kumpels warn hier: »Das darfst dir nich gefalln lassen! Das solln die zurücknehmen! Du hast dem doch nich gratuliert.« Aber war ja halb so schlimm. Wir ham da höchstens drüber gelacht.
Und wie ich damals entlassen wurde, 19. Juni 61, die ham ja hier sone Zeitung rausgegeben, *Der Blitzer*, sone Betriebszeitung, die war illegal. Und da ham die auch *Worüber Rheinbaben spricht* – da schreiben sie auch: »Nachdem Peppone entlassen wurde, wurde dem Zechentor gegenüber, die Heilige Barbara, Schutzgöttin des Bergbaus, aufgestellt.« Das war auch so. »Frage an Don Camillo. Wenn Peppone wieder in den Betrieb zurückkehrt, muß dann die Heilige Barbara wieder in die Dunkelkammer verschwinden?« Und ich hatte n Prozeß, da warn die mir immer am Andrehn, am Anhängen, daß ich diese Zeitung gemacht hätte. Ich hatt sie nich gemacht, das ham andre gemacht. Aber dann sagt der am Gericht: »Ja, wenn der K. die Zeitung auch nich gemacht hat – zumindest konnt er seinen Einfluß im Betrieb geltend machen, um zu verhindern, daß die Zeitung rauskommt.« Ham die alle gelacht, mein Rechtsanwalt lachte ...
Wir ham im Betrieb diese Unterschriften gesammelt gegen die Remilitarisierung und gegen Atombewaffnung. Und da ham die Theater gemacht! Die ham die Leute vorgeladen von der Polizei und ham Prozesse gemacht. Wir ham auch ne Reihe von Entschließungen ... Das ist mir ja auch bei der Entlassung und auch im Prozeß vorgehalten worden, daß ich die ganzen Jahre immer politische Entschließungen in den Belegschaftsversammlungen habe fassen lassen, und daß ich nach dem Betriebsverfassungsgesetz dazu nicht berechtigt war, das zu tun. Also, ich habe gegen das Betriebsverfassungsgesetz verstoßen.

Ich habe denen am Gericht gesagt: »Das is ja hier ein Gesinnungsprozeß.« Sagt der: »Nein.« Ich sag: »Doch, doch ... Ist es strafbar, wenn ich eine kommunistische Gesinnung habe?« Sagt er: »Nein, das ist nicht strafbar.« Ich sag: »Naja, aber ich steh doch hier wegen Gesinnung.« »Ja, nein, das stimmt nicht.« Da war der sich mit mir am Streiten. Ich sag: »Nein, das ist hier ein Gesinnungsprozeß, denn ich bin entlassen worden aufgrund einer Anfrage im Bundestag ...« Das war im Juni, da kam auf einmal eine Anfrage an den Bundestag, eingereicht von 15 Abgeordneten der CDU. Die hatten da alle unterschrieben, verschiedene Leute, die in der CDU bekannt sind im Bundestag, die hatten das unterschrieben und stellen die Anfrage: »Warum in einem Betrieb, der bundeseigen ist, noch ein Betriebsrats-Vorsitzender fungieren kann, der Kommunist ist.« Naja, und dann dauerte das einiges, dann kam das in alle Zeitungen. Und paar Tage drauf bin ich rausgeflogen. »Aus den Ihnen bekannten Gründen, werden Sie hiermit fristlos entlassen.« Das war die ganze Entlassungsbegründung. Und praktisch hätten sie ja Gründe angeben müssen, denn die Gründe, die ich kenne, die sind für die Entlassung nicht entscheidend. Entscheidend sind die Gründe, die der Unternehmer kennt. Aber die haben uns das bewiesen: sie brauchen keine Gründe. Die kamen am Gericht – und bis heute is nichts entschieden. Das läuft hier noch. Trotzdem ich da schon 5 Jahre und 4 Monate aus dem Betrieb raus bin. Ich hatte jetzt wieder n Termin, da wollten sie n Vergleichsvorschlag machen. Aber die Kosten für den Prozeß müssen wir tragen, die sind aufgeteilt worden. Ich war der Hauptangeklagte, ich habe 4 260 Mark Kosten zu bezahlen. Ja, wie soll man das bezahlen, ich weiß ja auch nicht, ich hab ihnen hingeschrieben: »Ich habe nur Rente, ich werde das nicht bezahlen können.«

# Johannes L.
# Pfarrer

Hier die Siedlung *Rheinbaben*, die war so 1906/7 fertig, aber da ist keine Kirche und keine Schule mitgebaut worden. Da waren rund 3 000 Katholiken, und 2 000 Evangelische.

Wie ich 1936 hier nach *Liebfrauen* kam, zur Mutterpfarre, da gingen hier von den Katholiken keine 100 zur Kirche. Die sind hier aus allen Gauen Deutschlands, Polen, und wo sie alle hergekommen sind, die sind hier alle angeworben, die sind hier angesiedelt, und man hat sie dann einfach für sich laufen lassen, leben lassen. Und dann kam dazu, wie mir ein alter Rektor, damals von der Schule, erzählte, daß auch von andern Zechen, die stillgelegt wurden, daß man die radikalen Elemente einfach hier gelassen hat, und hier sind die dann, von Stinnes, soviel ich informiert bin, wars Stinnes, der hier abgetäuft hat, einfach übernommen worden, so daß hier ein regelrechtes radikales Element hineinkam. Die waren nun für sich vollständig überlassen. Damals waren auch die Pfarreien alle so groß, *Liebfrauen* hatte 13 000, das konnte auch alles nicht überblickt werden. Wenn man dann ein oder zwei Mal im Jahr auch in die Familien ging, ich bin damals auch reingegangen in die Familien, und zuerst bin ich rausgeflogen, und wenn ich vorne rausgeflogen bin, bin ich hinten wieder reingegangen und hab mich da nicht bange machen lassen. Aber damit ist ja noch kein Seelsorgedienst getan, weil die Luft eben damals viel radikaler war als heute. Als es 1936, 37 um die erste Fronleichnams-Prozession ging, und wir hatten gegenüber dem Markt die Segens-Station, wo der Segen gegeben wurde, da flogen die Spazierstöcke hoch, nicht, und dann ging es: »Heil Moskau!« Das war damals richtig ein Kampf, den es heute gar nicht mehr gibt, hart gegeneinander. Das war ja hier die letzte Ecke, herunten, die nennt man »Kapp-Kolonie«. Im Anfang war es »Kapp der guten Hoffnung«, weil es der letzte Zipfel, der Nordzipfel, der äußerste Zipfel von Bottrop war. Aber dann durch die Unruhen, den Kapp-Putsch seinerzeit, zwischen den beiden Weltkriegen, so hab ich mir erzählen las-

sen von dem Rektor der Schule, der immer hier war, daß gerade hier die größten Kämpfe gewesen sind, damals von der Reichswehr. Die sind durch den Kölnischen Wald hier rein gezogen und haben dann hier den Soldatenrat, und wie das alles hieß hier von der kommunistischen Seite, da war ja einige Zeitlang auch das Rathaus besetzt – von hier aus sind sie eingebrochen, und der Rektor erzählte mir, daß man hier mit Sturzkarren die Leichen weggeholt hat, nicht wahr.
Nazis waren die Leute hier nicht. Der eine oder andre war immer drunter, nicht, das ist ganz klar, HJ war auch da, das wurde verbreitet durch die Schulen. Aber die Leute selbst hier, die waren nach wie vor rot.
Nach dem Kriege, dann hab ich hier sofort 1946, von der Zeche hier, von *Rheinbaben,* den Kindergarten gemietet und habe dann unsere katholischen Schwestern da reingeholt. Ich hatte damals die Gelegenheit, erst mit einer anzufangen, später hab ich dann die Don-Bosco-Schwestern hier bekommen. Wir haben dann einen großen Klassenraum zur Seelsorg-Station gemacht, zur Kapelle gemacht. Erst kam ich mit 2 Messen aus, dann kamen nachher 3 Messen, und nach den 3 Messen warens 4 geworden, mehr ging nicht. Dann bin ich nach Münster gefahren, damals existierte die Kirche Essen noch gar nicht, und in Münster, da sagte mir dann der Bischof: »Also, Sie kriegen Generalvollmacht von mir, soweit ich kann. Aber 4 Messen können Sie nicht halten, dazu haben Sie kein Recht. Sie müssen sehen, daß Sie eine Hilfe bekommen.« Und dann war der Raum natürlich zu klein, und sommertags zog ich dann raus auf den Platz hier, und hier draußen auf dem Platz haben wir dann Messe gefeiert. Ich wohnte denn auch im Kindergarten, oberhalb der Kapelle hatte ich eine Wohnung gemietet. Das war natürlich damals auch schwierig, eine Wohnung zu kriegen. Da mußte ich dafür sorgen, daß die Stadtverwaltung der Zeche eine Wohnung anbot und ein Zechenbeamter in die Stadtwohnung hineinkam. Und so hab ich erreicht, daß ich eine Etage bekam mit 5 Zimmern drin, ich gab dann natürlich auch meine Kaplans-Wohnung auf, und in dieser Wohnung hatte ich dann den ganzen Pfarrbetrieb. Da war das Jugendbüro, da waren Frauen- und Männerbüro, da war alles da. Ich mußte ja sorgen, daß ich Kontakt mit den Leuten be-

kam. Habe viele Filmvorführungen gemacht, war ja selbst ein leidenschaftlicher Fotograf, habe mit den Kindern Fußball gespielt, wir haben Pfarr-Feste gefeiert, daß ich die Leute packte. Nebenbei lief ja denn auch die liturgische Arbeit. Aber das war ja die Hochburg des Kommunismus hier, nach wie vor, und daß die damit nicht gerade zufrieden waren – ich kriegte Drohbriefe, ich kriegte alle möglichen Pakete ins Haus geschickt, mit Streichhölzern, mit Beilchen und mit Messern, ist auch klar, nicht. Und auf der Straße, da hab ich mich nachts beeilt, daß ich meine Hucke nicht vollkriegte. Na, ich habe keine Schläge bekommen. Aber ich entsinne mich, wie eines nachts, draußen vor der Tür, ein Chor stand und schrie: »Du Lump, komm herunter . . .« Aber ich bin nicht runtergegangen, das ist ganz klar. Aber dann war die Folge davon, wenn ich so einen anonymen Brief bekam oder einen Drohbrief, dann war der nächste sonntägliche Gottesdienst, dann war die Predigt darüber und nicht zu meinen Gläubigen, sondern darüberweg, so daß sich die Türen und die Fenster öffneten. Und ich hab oft gesehen, daß da dann so ein Rädelsführer an der Ecke vorbeizog, oder sie lagen dann unten an der Hecke und haben sich das angehört. Man darf ja diesen roten Brüdern gegenüber keine Angst zeigen, dann ist man verloren.

Jedenfalls sind wir 48 angefangen, wie alles zu eng und zu klein war. Ich hab Material besorgt, wir haben uns die Steine aus den Bombentrichtern hier aufgepickt, ich hab auch dafür gesorgt, daß wir noch einige Steine an Land kriegten, es gab alle möglichen Wege, bin dann zum Kontroll-Offizier, die großen Hallen von *Krupp* wurden abgebrochen, demontiert, von diesen Bindern der Kühlerwerkstätten hab ich dann 5 große tragende Binder, Dachkonstruktion, bekommen, und das war das erste, was ich für die Kirche hatte. Wir hatten auch kein Land. Dann hab ich einen Pachtvertrag mit der *Hibernia* getroffen, von 10 Jahren, aber mit der Klausel drin: »Bergschäden-Verzicht«. Ich hab aber auf der andern Seite die Klausel einflechten lassen: Sobald es uns möglich ist, ein entsprechend günstiges Land zum Tausch anzubieten, daß wir dann das Grundstück zum Eigentum bekommen. Das ist mir nach einigen Jahren geglückt, hier in der Nähe einen Landstreifen zu finden, der der *Hibernia* sehr angenehm war, da haben wir dann eingetauscht, da fiel der Bergschäden-Verzicht dann auch weg. Nach der Währungsreform bekam ich die Erlaubnis, die Kirche zu bauen, und die hab ich dann auch gebaut, in Selbsthilfe. Wir sind morgens angefangen, um 8 Uhr, nach der Heiligen Messe, dann ging das in zwei Schichten, wer frei hatte, ob das Kind oder Frau oder Mädel oder Junge war, vor allen Dingen die alten Invaliden haben mitgearbeitet, auch Bergleute, aktiv, wir haben dann in drei Schichten gearbeitet: von 8 bis 12, um 1 fingen wir wieder an, von 1 bis 5, und von 5 an, solange es hell war. Wir haben mit der Schippe, wir hatten keine Maschinen, hatten lediglich ne Schippe, gearbeitet, haben uns den Boden ausgehoben, und dann bin ich über Land gezogen, der Bischof von Münster gab mir monatlich eine Kollekte, die er bestimmte: »Dort und dort kannst du predigen.« Der Pastor mußte mich dann annehmen, und ich hab dann gebettelt. Und dann hab ich von den Zementwerken fast den ganzen Zement umsonst bekommen und nachher für 1,50 Mark. Dann hab ich mit den Jungens, und vor allem mit den Meßdienern Hohlblocksteine selbst gemacht, ich ließ Bimskies kommen von Neuwied, und ein Schreiner machte mir die Form, und ein Klempner hat sie mir mit Blech ausgeschlagen, damit das ordentlich rutscht. So haben wir tausende von Hohlblocksteinen selbst gemacht. So ist die Kirche nach und nach gewachsen. Und das war eigentlich die Zeit, wo auch die Gemeinde gewachsen ist, wo die sahen, daß ich selbst mitschippte, nicht wahr, die ganze Schicht mußte ich durchhalten, und als es dunkel wurde, hab ich erst angefangen, mein Brevier zu beten und meine Rechnungen zu schreiben, die Papiersachen zu erledigen, Rechnungen schreiben brauchte ich ja nicht, höchstens bezahlen. Wenn wir vorher auch viel Schwierigkeiten hatten mit den roten Brüdern, so hatten wir dadurch aber doch viel gewonnen. Wenn die abends einfuhren, die Kumpels hier aus der Nachbarschaft, dann machten die schon einen Report: »Der verdammte Pfaff, der hat heute schon wieder soundsoviel Stunden geschippt.« Da kamen auch die Pfarr-Feste und für diejenigen, die gearbeitet haben, vor allem die Invaliden, wurde monatlich ein Faß Bier gestiftet. Dann haben wir eine Musik-Kapelle bestellt, und dann sind wir natürlich mit Mu-

sikkapellen und Luftballons und Fähnchen hier durch den Wald gezogen und kamen dann oben hin nach Forsthaus Specht, und da haben wir in den Anlagen dann unser Fest gefeiert. Erst wurde natürlich etwas Konzert gegeben, der Kirchenchor, der sich allmählich gründete, hat gesungen. Dann machten wir eine Verlosung, die Geschenke, die die Leute einzeln brachten, waren dafür, so daß wir wieder daraus auch noch reinen Verdienst draus hatten. Und dann war das mit Tanz, und vor allen Dingen war n Rummel, mit den Kindern wurde gespielt, Sacklaufen, Klettern und alles für Kinder, was so gemacht werden kann. Und abends zogen wir dann genauso durch den Wald wieder zur Kirche zurück.
Jetzt sind wohl ne ganze Reihe Pfarren, die das auch machen, aber wir waren die ersten – aus der Not geboren, denn ich sagte schon: man mußte ja Kontakt mit den Leuten haben, irgendwie mußt du da menschlich mit zusammenkommen. Und das menschliche Zusammen war auch so, daß ich wahrhaftig keinen einzigen Tanz hab auslassen können. Nun waren damals noch all die Tänze, Rheinländer, Walzer, Polka, heute diese modernen, die krieg ich auch nicht mehr hin. Heute kann ich ja auch nicht mehr mitmachen, damals aber: jeden Tanz, bis in die Nacht hinein, 12 Uhr war das späteste.
Aber so ist die Gemeinde geworden.
Und dann haben wir gebaut, gebaut, das hat zwei Jahre gedauert. Da kam einer zu mir, ein Maurermeister, und der sagte: »Ich möchte mich selbständig machen, ich habe aber nichts als meine Kelle und meinen Hammer. Aber das wär hier doch ne Gelegenheit, daß ich mit den Invaliden ...« Ich hab natürlich sofort freudig angenommen, denn es mußte ja auch eine Bauleitung da sein. Dann hat der mit den Invaliden die Kirche gebaut. Es mußte Eisen gebogen werden, es mußte statischen Berechnungen entsprechen ... Bis wir dann 1950 unsere Kirche fertig hatten, so daß wir sie durch den Generalvikar von Münster, der hat die Kirche benediziert. Da hat er alle eingeladen, die von der Stadtverwaltung, alles, was dazu gehört. Dann hab ich natürlich den Invaliden gesagt: »Ihr seid die ersten, die da einziehen.« Und da standen meine alten Invaliden und hatten sich den besten Rock gepumpt, kamen im Frack rein. Und dann, Stadtverwalter, Oberstadtdirektor und

Maurer, alle diese Leute, die mußten warten, bis die alten Invaliden als erste eingezogen waren, nach dem Generalvikar. Da war denn auch so die Hälfte von den Invaliden, die auch noch gar nicht zur Kirche gingen, die haben mitgeschafft, aber die Bindung an die Kirche war nicht da. Die hielten das auch gar nicht für verpflichtend, das war für sie so eine Art Beschäftigung, die freuten sich, daß sie was tun konnten, wußten auch, daß es für ne gute Sache war. Aber nachher, da waren sie alle in der Kirche drin. Und diese Selbsthilfe ist geblieben, bis heute noch.

Und wenn man mich auch nicht von seiten der Roten geliebt hat, geachtet hat man mich, eben dafür, daß ich mitgeschafft hab, selbst mit angepackt hab. So daß hier, in Bottrop, die Kirche den Namen Invaliden-Dom bekommen hat, weil die Invaliden den geschaffen haben.

Eines Tages, wir hatten keinen Turm, da hatten wir auf dem Schornstein der Sakristei oben son kleines Glöckchen, das hatten wir von Dorsten geholt, in Dorsten war früher ne Notkirche gewesen, die mußten wir nachher wieder abgeben, war ne billige Aluminiumglocke gewesen. Ja, und da läuteten wir, zum ersten Mal 1951, morgens. Und dann schickte »Peppone«, war hier der Haupträdelsführer der KP, der Clemens K., der wohnt auch hier in der sogenannten Kapp-Kolonie, heute sagen wir nicht mehr Kapp-Kolonie, das ist nun nicht mehr gerne gewollt, und die Zeiten sind ja vorbei, der schickte dann einige von seinen Leuten her, und ließ sagen: »Dat Bimmeln hört auf, unsere Leute wollen schlafen.« Und ich hab ihm zur Antwort gegeben: ich dächte gar nicht da dran. Ich ließ ihm nen schönen Gruß bestellen und sagen: Wenn ich et könnte, dann käme hier in einigen Jahren nen Turm mit 5 großen Glocken! Das war die Antwort, die war natürlich auch grob, einfach aus lauter Verärgerung. Wenn die so kommen und verbieten einem, morgens mal mit so einer kleinen Glocke zu läuten... Dann, nach ein paar Tagen, kamen die wieder und sagten zu mir: schönen Gruß vom Clemens, ich brauchte mir keine großen Sorgen zu machen über den Turm und 5 Glocken, denn innerhalb eines Jahres wär der Hahn nicht mehr auf dem Kirchendach, sondern Hammer und Sichel.« Und da hab ich als Antwort gegeben: »Das könnte möglich sein«, denn bei denen

ginge ja Macht vor Recht. Aber wenn das möglich wäre, und es käme eines Tages so, dann könnten sie Gift drauf nehmen, daß Clemens und ich, beide, per Arm, beide nach Sibirien gingen. Ich habe nichts mehr davon gehört, die Sache war damit erledigt. Aber nach ein paar Jahren kam der Turm mit den 5 Glocken. Nicht wahr, es gehört doch Reklame zum Geschäft, und das Klappern gehört zum Handwerk, nicht wahr. Wenn wir nur noch Sakristei-Christentum haben, dann kann ich in einer Gegend wie hier überhaupt nichts tun. Es gehört auch dazu, daß man sich freut und daß man merkt, daß man da ist. Somit haben wir ein sehr feines Geläute, Stahlglocken, die aus Bronze waren damals zu teuer. Wir läuten auch sonntags morgens, wir tun es nicht zur ersten Messe, das ist ganz klar, aber 1/2 9 zur zweiten. Es sind ja doch 30 bis 40 Prozent, die zur Kirche gehen, an Frauen sind es mehr, und schulpflichtige Kinder machen wohl den größten Prozentsatz aus, das sind 80 bis 90 Prozent, die regelmäßig ihre Pflicht erfüllen.
Aber nun die Misere, die jetzt kommt, wenns auch keine Wirtschaftskrise ist, aber *Rheinbaben* soll ja nun zum 31. März stillgelegt werden. Das ist natürlich der Arbeitsplatz – und die Mitte des weltlichen Bereiches geht flöten. Die jungen Leute werden anderswo beschäftigt, die werden zunächst mit Bussen nach *Westerhold* hingefahren. Aber wenn einer da drüben ne Wohnung findet, er wär ja verrückt, wenn er die Wohnung nicht nähme, und wir bekommen dann die Invaliden hierher. Die sind gute Leute. Aber die Jugend verschwindet doch, und das ist die Katastrophe. Und damit fehlt auch das Geld. Denn junge Leute haben das gute Verdienst von 1000 und mehr. Die Schichtlöhner, die kommen mit einem armen Geld, die kriegen so 500 bis 600 Mark. Wo Geld ist, blühen wir. Und wenn uns die jungen Leute fehlen, dann fehlen auch die Kinder. Und wenn uns die Kinder fehlen, dann kriegen wir nie ne Schule hier. Wir haben hier nur konfessionelle Schulen. Das ist eine ganz große Sorge für uns, genauso wie für die einzelnen Familien. Ich las auch heute morgen in der Zeitung, daß die evangelische Kirche durch ihren Superintendenten gestern eine Verkündigung von der Kanzel aus verlesen hat, die selber auch dagegen protestiert, daß hier die Zeche aufgehoben wird. Wos gar nicht notwendig ist, wir haben hier ne gute

Kohle! Das wird einfach übern Daumen gepeilt, für die *Hibernia* ist das die äußerste Zeche, also muß die aufgegeben werden. Da wird gar keine Rücksicht genommen auf die Arbeitsprobleme, das geht dann einfach: »Wo können wir am meisten mit verdienen ...«
Ich hab es anders gemacht, wir stehen auch nicht in der Zeitung. Ich habe gestern in der Predigt, nicht im Sinne von Revolte, sondern in einem anderen Sinne gesagt: »Wir haben jetzt wahrhaftig Grund genug, unseren Herrgott zu bitten, daß er uns den richtigen Weg weist, und daß er uns mal zeigt, was wir tun sollen.« Denn das Lamentieren hat keinen Zweck. Wir müssen jetzt sehen, daß wir ihre Arbeitsplätze erhalten. Auch die Fürbitten in der Heiligen Messe, die waren nur dafür, da hieß es doch ganz klar: »Die drohende Gefahr, daß die Zeche *Rheinbaben* geschlossen wird, Armut, Arbeitsplatzverlust«, und all diese Probleme. Und da wurden dann die Bitten auch zugesprochen: »Daß Du, o Herr, unseren Familienvätern den Arbeitsplatz erhalten wollest, den mutigen und willigen Männern ...« Gestern hatten wir eine Versammlung von der Katholischen Arbeiterbewegung, um 10 Uhr. Da haben wir vorher angekündigt: Die fällt heute aus, weil zur selben Zeit eine Belegschafts-Versammlung ist in der Turnhalle der Zeche *Rheinbaben*. Das ist doch das brennende Problem, daß die da hinmüssen, ist doch klar. Wir können unsere Versammlung auf den nächsten Sonntag verlegen. Dieses Mitfühlen mit den Leuten, das ist für uns eigentlich das Wichtigste. Denn es ist doch nicht nur allein das Beten in der Kirche. Durch die Krisen kommen sie nicht zum Gebet und zur Kirche. Da bin ich felsenfest von überzeugt. »Not lehrt beten«, das kann im Einzelfall richtig sein, aber in der Armut – da kommen die nicht. In der Bombenzeit haben ja viele mitgemacht, damals im Kriege. Da bin ich ja auch zu den Luftschutzkellern gegangen, ob sie nun privat waren oder andere, bin ich ja auch reingegangen. Dann haben die gebetet und gebettelt: »Herrgott, wenn Du noch einmal ...!« Wie das vorbei war, war das andere auch vorbei. Also, daß die radikal werden, da bin ich fest von überzeugt, sie kommen nicht zu uns, die kommen dann zu den Radikalen.

## Erna E.
## Hausfrau

Wenn mein Mann mal Frühschicht hat, stehen wir um 5 Uhr auf, um 6 Uhr fängt die Frühschicht an, wenn er normale Frühschicht hat. Um 1/2 6 geht er ausm Haus. Wo ich den Kleinen noch nicht hatte, den Martin, hab ich mich noch hingelegt bis 1/2 7 immer, dann bin ich auch aufgestanden, wegen die beiden, Ralph und Simone. Ja, und jetzt muß ich auch aufbleiben, weil um 6 Uhr der Kleine kommt, denn hab ich ihn auch um 1/2 7 fertig, und dann kommt der raus, der Große, der wacht von alleine auf. Und denn zieh ich ihn an, und wenn ich ihn angezogen hab, dann mach ich eben noch mal was andres, dann ist die schon wieder da. Na, dann tun wir zusammen Frühstück essen, dann bring ich den Ralph jetzt zum Kindergarten, ja, und denn is 9 Uhr, 1/4 vor 9, bis ich wieder hier bin, dann geht die Arbeit hier los. 10 Uhr kommt der Kleine, der muß gebadet werden und muß auch versorgt werden. Dann wird eingekauft, schnell alles im Laufschritt gemacht, Essen gekocht für die Kinder, für mein Mann, 12 Uhr den Kleinen wieder abholen, den Ralph, ja und dann leg ich die auch noch immer hin. Ja, und wenn mein Mann dann kommt – erst tut er essen, dann beschäftigt er sich mit de Kinder, überhaupt mit der Simone. Ja, dann hat er ja auch noch andere Sachen zu tun, für die Gewerkschaft hauptsächlich, überhaupt jetzt, wo die Zeche stillgelegt wird. Meistens, nachmittags, geh ich dann mit die Kinder raus, wenn schön Wetter ist, die müssen ja auch frische Luft haben, dann geh ich meistens nach Hause zu meiner Mutter hin. Und ja, kommt man nach Hause, dann wirds wieder Zeit für Abendbrotmachen und dann die Kinder in Bett bringen, die Sachen auswaschen, die sie vom Tag hatten, ja, und dann bin ich mal froh, wenn ich zwei Stunden sitzen kann. Dann guck ich manchmal Fernsehen, oder ich stopf oder strick, muß ja immer was gemacht werden. Ins Bett gehn – ja, um 11, 1/2 11. Da, wo der Kleine noch nicht war, bin ich ja früher gegangen, wenn mein Mann dann abends weg war, dann bin ich auch schon mal um 9 gegangen, 1/2 10, aber so, jetzt

komm ich erst immer um 11, 1/2 11 im Bett. Das ist jetzt jeden Abend. Man muß ja durchhalten.
Wir sind eigentlich von Ostpreußen. Mein Vater war schon 46 hier, wir kamen 48 her. 44 bin ich geboren. Mein Vater war vorher in der Landwirtschaft, dann hat er auf Zeche angefangen, hier in *Rheinbaben*. Ich hab drei Geschwister, eine Schwester und zwei Brüder. Meine Schwester ist auch verheiratet hier, die hat auch schon drei Kinder. Mein Bruder ist Bergmann auf *Rheinbaben*, hat auch drei Kinder, und mein kleiner Bruder, der ist 17 und auch Bergmann, Lehrling.
Ich hab hier meine Volksschule gemacht, dann hab ich zwei Jahre Lehre gemacht als Strickerin. Eigentlich wollt ich Konditorin werden, in der Bäckerei die Torten machen und so. Wo ich noch in der Schule war, hab ich meiner Mutter immer viel backen geholfen, wir haben zu Hause nur gebacken, jeden Sonntag oder auch Weihnachten, Plätzchen und Torten, alles ham wir selbst gemacht. Und da hatt ich nachher Lust gehabt, inne Konditorei, so Torten machen und so, auch die kleinen Plätzchen, Berliner Ballen und so. Auf einmal hab ich dann keinen Spaß mehr dran gehabt. Aber wo ich denn da in die Lehre ging, dat gefiel mir nachher alles nicht, da dacht ich doch: hätt ich man lieber den andern Beruf gewählt. Und da hieß es ja nur noch: wir wollen Geld verdienen. Ich ging in die Lehre rein, da war ich 14. Erst war man immer in e Schule, hat man nichts andres gekannt wie Schule – und dann auf einmal muß man, dann steht man auf eignen zwei Beinen. Erst, da gefiel mir dat nicht. Aber nachher denkt man: du mußt das sowieso schaffen, und du schaffst das. Strengt man sich schon von alleine an, nich? Es ging nachher. Aber es war ja auch keine große Strickerei.
Drei Jahre war ich dann in ne Strickfabrik, zwei Jahre Lehrzeit, und dann noch ein Jahr so. Im Haushalt war ich auch noch tätig, das kann man ja immer mal gebrauchen, nich. Im Haushalt hatt ich auch mehr gehabt, da hatt ich freie Kost, und ich konnte da meine Wäsche waschen, alles, und hab 100 Mark gekriegt im Monat. Das war nur für mich. Da war ich 17 und hatte 100 Mark gehabt, das war viel. Die ham alle gesagt: das war viel gewesen. Und da war ich so 3/4 Jahr gewesen, und dann bin ich nachher zu B. in die Kleiderfabrik. Da fing ich

mit 1,38 Stundenlohn an und war im Akkord. Ich war noch keine 18, und das darf man ja nicht, und war am Band am arbeiten und im Akkord. Und die im Akkord haben alle über 2 Mark gehabt. Und da hab ich mich mal beschwert, und da sagt der drauf, ich hätte ja schon meine Lehre ausgehabt, er könnte mich nicht mehr ans Jugendband setzen, wo keine Akkordarbeit ist, sie haben überall Akkordarbeit, nich. Da sage ich, dann soll er mich bei die Lehrmädchen hinsetzen, für 1,38. Da sagt er: »Nee, dat kommt nich in Frage, da ham wir kein Platz für.« Da sag ich: »Tut mir ja leid, aber dann kann ich auch nicht weiter hier arbeiten. Für 1,38 im Akkord, da tu ich das nicht.«

Da bin ich nachher noch woanders hingekommen, und da wars genauso, da hatt ich 2 Pfennig dann mehr gekriegt, war auch Akkord gewesen, und da mußte man immer so viel Kästen schieben und sowat alles. Und wo ich dann nachher gesagt hab: »Ich geh nicht im Akkord.« Da hat er mir auch nich mehr gegeben, und da hab ich dann auch aufgehört. Das tut ja keiner, für so wenig Geld im Akkord arbeiten. Wir haben jede 10 Tage Geld gekriegt, wat war dat: 50 Mark. 1961 war das. Hinterher war ich nochmal in der Strickerei gewesen. Da ging ich wohl auch klein ran, aber das hat sich nachher gesteigert, und da hatt ich nachher 68 Mark in der Woche, jeden Freitag 68 Mark, und das hat sich nachher gesteigert bis 70, 75 Mark. Und dann konnte man sich dat ja mitnehmen, und da bin ich nachher auch geblieben.

Wir hatten hier in Bottrop son Klub gehabt, nen Jugendklub gehabt, Deutscher Freier Jugendklub nannte der sich, einfach n Jugendklub war das, nich, und da sind wir, die ganzen jungen Mädchen und die Jungens, alle da drin gewesen. Da haben wir uns kennengelernt, so flüchtig, mein Mann und ich. Nachher, von mein Nachbar der Junge, hatte Geburtstag gehabt, der war auch im Klub gewesen, der hat Geburtstag gehabt, da kam mein Mann auch zufällig gerade hin – so haben wir uns denn da kennengelernt. Wir haben da gefeiert, und anschließend bin ich, hat mein Mann mich nach Haus gefahren, der hatn Wagen gehabt zu der Zeit noch. Und n andern Tag kam er denn wieder, hat mich abgeholt, dann sind wir tanzen gegangen, dann sind wir auch mal abends zusammen im Kino gewesen. Ja, 4 Jahre sind wir jetzt verheiratet. Als der Ralph geboren wurde, hab ich noch gearbeitet. Der war ja so schwer krank gewesen, der hat ne Darmverschlingung gehabt und n Magenpförtnerkrampf. Da war er 3 1/2 Wochen, wo er im Krankenhaus kam. Mit nem halben Jahr hab ich ihn denn rausgekriegt, da hab ich aufgehört zu arbeiten. Ja, und dann war er bei meine Mutter, ich hab ihn dann ja nicht gekriegt, meine Mutter hat ihn mir ja nicht gegeben. Der Junge war so krank gewesen, und ich hab noch bei meine Schwiegermutter wohnen müssen, wir hatten ja nicht sofort diese Wohnung, und da hab ich nur ein Zimmer gehabt, dadrauf mußt ich kochen und schlafen, da konnt ich den Jungen ja auch nicht gebrauchen.

Träume hatte ich ... Erstens: nicht so früh heiraten. Hatt ich überhaupt nicht vorgehabt. Und zweitens – mit 22 schon 3 Kinder, das ist auch n bißchen viel. Ich wollte, wo wir geheiratet hatten, und so, wie ich früher immer schon gesagt hatte: »Wenn ich mal später heirate, dann ein Kind, und dann geh ich so lange arbeiten, bis man alles hat.« Hatt ich immer gesagt, früher. Da hab ich meinen Mann noch gar nicht gekannt, nich. Da sagt ich: »Ein Kind, arbeiten – und ich willn Auto haben.« Fürn Auto würd ich auch noch arbeiten. Da sagt mein Mann nachher, wo ich meinen Mann kennengelernt hab: »Ja, du wolltst doch arbeiten gehn?« »Ja«, sag ich, »wenn ich den Ralph nur hätte, wär ich bestimmt gegangen, denn den hätte meine Mutter genommen.« Aber es ging ja nicht. Ja, und dann? Mit Geld so knausern, hätt ich mir auch nicht vorgestellt. Jede 10 Tage, es kommt drauf an, wieviele Schichten dat warn, kam er mal mit 120, 150, mal hat er auch 160 gehabt, zweimal im Monat. Und wenn er dann Rest-Lohn hatte, er hat ja denn einmal im Monat Rest-Lohn, ja, dann kam er mal mit 300 Mark nach Hause. Und damit kann man keine großen Sprünge machen. Hier die Miete kostet 109 Mark. Jetzt kriegen wir nochn Zuschuß von der Zeche, aber wenn der dann wegfällt, dann zahlen wir hier 150 Mark dafür. Und dann soll man das alles aufbringen. Bei dem wenigen Lohn, was er hat, und dann so viel Miete. Und die Kinder wolln essen, die Kinder wolln angezogen werden. Dat hab ich mir wirklich früher nie vorgestellt, daß mir das später mal so schlecht ge-

hen würde. Ich konnte mein Geld für mich selbst behalten, früher, ich hab mich eingekleidet, alles. Ich hatte Sachen gehabt! Aber heutzutage – ich weiß nicht, wie ich mit dem Geld rumkommen soll, das mein Mann nach Hause bringt. Ich mach mir die Haare selbst, da hab ich ja kein Geld für, zum Frisör. Ich war beim Frisör gewesen, kurz bevor ich ins Krankenhaus kam mit dem Kleinen, da hab ich ne Lockwelle gehabt, ne einfache Lockwelle und Haare abgeschnitten, da hab ich 9 Mark bezahlt. Und da kann man nich jeden Monat für nachn Frisör gehen.
Meine Mutter kommt mir viel helfen, davon ab. Morgen fahr ich wieder zur Stadt, mein Mann hat Krankenschein gehabt, jetzt muß ich morgen Krankengeld abholn, jetzt kann ich ja nicht alle drei mitnehmen, muß meine Mutter morgen komm. Mein Mann, wenn der Zeit hat, der hilft mir auch. Der macht viel. Der paßt auf die Kinder auf, der tut schon mal saugen oder blankreiben, und dann tut er mir schon mal helfen abtrocknen. Aber ich sag ja: nur wenn er grade Zeit hat. Dat macht er schon. Und er sagt schon mal: »Geh und nimm die Simone und geh schon mal ne Stunde raus.« Dann paßt er auf die andern beiden auf.
Wat ich früher alles gemacht hab, wo ich noch nich verheiratet war! Wir warn viel tanzen gewesen, und ich war auch in der Gewerkschaft drin. Gewerkschaftsjugend, bunten Nachmittag und so, das fehlt mir heutzutage. Ich hab auch mitgemacht, hat eine Hand die andre gewaschen, mal hat man dies gemacht, dann hat man das gemacht. N bunten Nachmittag, bekannte Solisten, die ham gesungen, und abends war dann anschließend, um 10 Uhr, war dann Tanz gewesen. Und da hat man auch Lose verkauft und son bißchen gemacht. War wirklich schön gewesen. Und – wie lange war ich schon nicht mehr tanzen. Ich geh so gerne tanzen! Mein Mann auch . . . Bin ja neugierig, wann wir dies Jahr mal Karneval feiern könn. Wir tun in der Wirtschaft feiern, das is immer einmalig. Bei *Fortuna*, im Fußballklub die Feste, einmalig . . . Ich glaub aber nich, daß dat dies Jahr geht. Wegen die Kinder und wegen dem wenigen Geld. Erst sind Feierschichten wieder, dann wird die Zeche stillgelegt, dann wieder die Sorgen. Wegen die Kinder, ach, da könnte man schon für ein Tag die Mutter holn, wär ja nich

schlimm gewesen, aber die Geldsorgen ... Ich hatte nie geglaubt, daß die Zeche mal stillgelegt wird.
Ich interessier mir eigentlich nicht für Politik. Mein Mann, der schimpft da schon immer. Sagt er: »Interessier dich mal n bißchen dafür, dat is gut für dich.« Naja, wenn ich mal meine Arbeit fertig hab ... Jetzt komm ich bald überhaupt nicht mehr zum Zeitunglesen. Sonst komm ich schon mal beim Frühstück und so zum Zeitunglesen, aber jetzt, wo die Kleinen schon alleine sitzen, alleine essen wolln, da komm ich überhaupt gar nicht mehr dazu, nich. Ich hör schon mal Tagesschau oder guck schon schnell inne Tageszeitung rein, wat da Neues drinsteht oder so, nich, aber muß schon sagen, sonst interessier ich mich auch nich für Politik.
Und wegen *Rheinbaben*, die sind alle so am Sagen: »Dat wird noch wat geben, dat wird noch wat geben!« Ja, dat wird noch wat geben, dat steht fest. Aber wat soll man dagegen tun? Wir Armen könn ja auch nichts dagegen tun, daß die Zeche stillgelegt wird. Heute Mittag, wo ich einkaufen gegangen bin, da sagte mir die Geschäftsfrau auch: »Mein Gott«, sagt se, »wat wird dat noch geben? Früher ham se die Taschen immer voll geholt, und heute holn sie se nur noch zur Hälfte.« Ich sag: »Da seid ihr auch ein Teil mit Schuld. Verkauft doch eure Ware nicht so teuer, verkaufts doch n bißchen billiger.« »Ja«, sagt sie, »wenn wir die billiger machen, dann wird woanders wieder aufgeschlagen.« Ich sag: »Dann müßt ihr alle zusammengreifen, dann müßt ihr alle zusammen sagen: jetzt ist stopp, jetzt wern wir mal die Preise n bißchen senken. Und dann werd ihr auch wieder eure Ware los.« »Ja«, sagt sie, »ich versteh das nicht. Und jetzt überhaupt noch, wenn sie *Rheinbaben* stillegen, dann wer ich überhaupt nichts mehr los, dann könn wir unser Geschäft bald schließen.« Da sagt ich auch: »Kann ich nichts dafür. Ich kauf nur dat ein, was ich ganz nötig brauche und wat die Kinder brauchen, dat andre kann ich mir auch nicht mehr leisten.« Jeden Tag hab ich sonst Obst gekauft, jetzt kann ich höchstens zweimal in der Woche, wenn hier Markt ist. Freitags hol ich Obst, und dann hol ich nochmal Mittwoch in der Stadt Obst. Und im Nu is ja dat Obst weg, weil die Kinder viel Obst essen. Und auch die Wirtschaften, wat wern die denn jetzt machen. Die wern jetzt alle

langsam zumachen. Ganz bestimmt. Hier schießen doch immer nur Wirtschaften und Imbiß-Stuben aus de Erde raus. Aber Krankenhäuser oder sowas, das baun se nich. Hier in Bottrop gibt es zwei Krankenhäuser, und die sind überfüllt.

Ich war jetzt bein Hausarzt gewesen, und der Hausarzt, von selbst hat ers ja nicht gesagt, aber ich hab ihn gefragt, ob ich die Pille kriegen kann, und da hat er gesagt: »Ja.« Meine Schwester, die hat sie ja direkt vom Arzt gekriegt, weil sie so unregelmäßig ihre Periode gehabt hat, und die braucht sie nicht zu bezahlen, die braucht nur 50 Pfennig fürs Rezept zahlen. Und wir müssen se zahlen, 5 Mark. Aber dafür gibt man lieber die 5 Mark aus. Ich könnt mir dat auch gar nicht vorstellen: 4 Kinder. Nee!

Meine Kinder solln alle 3 die Schule besuchen, dat sie was wern. Nämlich ich konnte dat nich, meine Eltern, die konnten dat einfach nicht aufbringn, es is keiner von uns auf e höhere Schule gegangen, aber meine Kinder solln das machen. Da soll keiner aufn Pütt. Die Zeche wird et dann sowieso nich mehr geben. Aber so, die sollen irgendwie wat anderes wern. Die solln auf e Schule gehen. Dat hab ich auch schon zu mein Mann gesagt: »Dat kann ich nich haben, daß die mal so arm wern wie wir. Die sollns mal n bißchen besser haben wie wir.« Nich, is doch wahr! Unsereiner, der maloocht und arbeitet und arbeitet und hat doch nichts.

Und ich hab schon gesagt, wenn der Kleine, der ganz Kleine, 2 oder 3 Jahre alt ist, daß ich dann einen hab für die zum Aufpassen, dann würd ich ne Arbeit nehmen, und wenns von morgens früh ist bis mittags, dann würd ich noch arbeiten gehen, ja. Man muß ja auch warten, wat mein Mann nachher für ne Beschäftigung hat, wieviel Geld er nach Hause bringt, man kann ja nicht sagen – je nachdem, wolln wir erstmal gucken. Wenn er genug verdienen sollte, ja – ein Auto möcht ich haben. Nämlich, ein Mann allein schafft dat nich, und dann noch die Familie und die teure Miete, schafft einer nich allein. Da möcht ich schon gerne arbeiten fürs Auto. Daß man Samstag oder Sonntag mal rausfahren kann und nich immer hier im Kohlenpott bleiben muß. Man will ja auch mal rausfahren und die Welt mal sehn, nich? Nach n Sauerland runter oder so. Et gibt hier in Deutschland so schöne Sachen, so schöne Städte, nich. Noch nie war ich weggewesen, ich war noch nie raus gewesen. Zur Erholung war ich wohl, zwei Mal, nach Norderney. Aber sonst ... Oder wir ham früher, vom Klub, schon mal son paar Fahrten gemacht, aber das war höchstens mal so fürn halben Tag gewesen. Anschließend sind sie dann in die Wirtschaft gegangen, ham getanzt und so. Aber da sieht man ja nichts, ich möcht ja mal was sehn! Es gibt so schöne Gegenden hier in Deutschland, überhaupt hier so in der Gegend, oder nachn Sauerland runter. Ja, fürn Auto, daß man Samstag oder Sonntag mal wegfahren könnte, dafür würd ich noch arbeiten.

## Heinrich W.
## Rektor

Also, geboren bin ich 1902 in einem kleinen Städtchen südlich von Stralsund, in Loitz. Mein Vater war, wie sein Name sagt, Wegner, nämlich Wagenmacher. Wegner ist die norddeutsche Form von dem süddeutschen Wagner. Er hatte also Beruf und Namen gleich, geerbt von meinem Großvater, und das seit Generationen. Ich mußte meine Geburtsstadt ziemlich früh verlassen. Meine Eltern starben beide, ich war 4 Jahre, als meine Mutter starb, und 11, als mein Vater starb. Ich hatte noch einen Bruder, der viel älter war als ich, 25 Jahre älter, und hatte auch noch andere Geschwister. Aber dieser Bruder übernahm dann meine Ausbildung und die Kosten, die das natürlich machte. Und somit war zunächst alles klar. Mein Bruder war Lehrer, in Stettin, und naja, er stand sich damals schon ganz gut. Ich ging in der Nähe von Stettin auf ein Seminar und wurde auch Lehrer. 1922 machte ich dann meine erste Lehrerprüfung. Mein Bruder war inzwischen gestorben, im Kriege, im 1. Kriege gefallen, und hat mir dann so viel Geld hinterlassen, daß ich eine weitere Ausbildung hätte bezahlen können – wenn nicht die Inflation gekommen wäre. So stand ich nun vor der Notwendigkeit, mir eine Arbeit zu suchen. Denn damals herrschte die Junglehrer-Not, und zwar dadurch, daß im Frieden von Versailles die Ostgebiete abgetreten wurden und unendlich viele Beamte, vor allen Dingen aber Lehrer, aus diesen Gebieten heraus mußten ins übrige Reich, und die jungen Lehrer also keine Stelle kriegten. Und wenn wir auf die Regierung kamen und fragten: »Wann und wo können wir mit einer Anstellung rechnen?« Dann sagte man uns: »Kommen Sie in 5 oder 6 Jahren wieder.« Da ich nun keine Verwandten mehr hatte, die mir helfen konnten, war ich darauf angewiesen, irgendwie mich selbst zu ernähren. Ich konnte nicht, wie manche meiner Kameraden, auf die Universität gehen und studieren: dazu waren keine Mittel da. Ich konnte auch nicht im Betrieb meines Vaters arbeiten: da war keine Gelegenheit mehr. Und also wurde ich Bergmann in

Bottrop. Es war die einzigste Möglichkeit, eine Arbeit zu finden, denn die Zahl der Arbeitslosen war damals schon groß und wurde dann im Laufe der Zeit auf 6 Millionen gesteigert. Nun ja, ich ging in die Grube.
Inzwischen war der passive Widerstand ausgebrochen. Die Regierung versuchte, durch Tatenlosigkeit den Einmarsch der Belgier und Franzosen ins Ruhrgebiet abzuwehren. Das gelang natürlich nicht. Aber nun, wir litten unter dem passiven Widerstand. Und in der Grube hörte ich dann von einem älteren Bergmann, daß man in Bottrop dabei sei, eine Weltliche Schule einzurichten. Weltliche Schule, eigentlich hieß die Schule Sammelschule, nämlich: die vom Religions-Unterricht befreiten Kinder wurden hier gesammelt. Daher dieser eigenartige Name. Das Volk sagte: Weltliche Schule oder Freie Schule, und dieser Name ist dann geläufiger als Sammelschule für die und die Kinder. Ich kriegte eine Stelle und fing an in einer Klasse, in der genau 100 Schüler waren. Der Raum hatte 50 Sitzplätze. Das war genau abgezählt. Es saßen auf einem Sitzplatz immer zwei Kinder. Die Arbeit war sehr schwer, auch in späteren Jahren – aber sie hatte auch viel Erfreuliches.
Ich will Ihnen mal von einem Mädchen erzählen, das ich in der Freien Schule hatte. Es war das begabteste Mädchen, das ich während meiner ganzen Schulzeit kennengelernt habe. Das Mädchen, oder die Frau, ist später Bundestagsabgeordnete geworden, allerdings mit falschem Vorzeichen: kommunistisch, und als solche dann natürlich ausgebootet, inzwischen längst ausgebootet. Dieses Mädchen war unglaublich begabt, hatte ein Gedächtnis, war fleißig! Das läßt sich mit Worten kaum schildern, so stark war das. Ich habe zum Beispiel Folgendes, um das Gedächtnis dieses Mädchens zu prüfen – das Mädchen hatte keinen Fremdsprachen-Unterricht damals, heut ist ja Englisch an der Schule, damals nicht. Und ich habe dem Mädchen einen langen lateinischen Satz gesagt, gesagt, nicht geschrieben, und habe zu ihr gesagt: »Grete, ich sage dir den Satz noch einmal, und dann frage ich dich nach 14 Tagen. Schreiben darfsten nicht.« Und nach 14 Tagen hat sie mir diesen Satz vollkommen fehlerfrei gesagt. Das ist geradezu unglaublich. Grete lernte viele Gedichte, gern Gedichte. Eines

Tages ist Grete dran, Gedichte nach eigener Wahl vorzutragen. Sie hat die ganze Stunde hindurch ein Gedicht nach dem anderen, lange und kurze, viele, mehrere, lange Schillersche Balladen dazwischen, aber auch kurze lyrische Gedichte – als die Stunde um war, da hatte sie 104 Gedichte vorgetragen. Da sag ich: »Nun, Grete, Schluß. Stunde zu Ende.« Da sagte sie: »Ich will ruhig in der nächsten Stunde weitermachen.« Das hab ich dann nicht gemacht. Aber immerhin: 104 Gedichte von einem 13jährigen Mädchen! Grete ist nur in dieser Freien Schule gewesen und ist dann später, der Vater ist verunglückt in der Zeche, er war Bergmann, und die Familie verzog nach Elberfeld. Dort hat sie sich in Abendkursen undsoweiter irgendwie weitergebildet. Aber eine weiterführende Schule hat sie nicht besucht. Sie war eine glänzende Rednerin, und im Bundestag hat sie toll getönt.

Wenn ich so an die Kinder zurückdenke, die in dieser Schule waren, dann muß ich sagen, es waren im Grunde genommen zwei Gruppen: eine hochintelligente Gruppe und eine verwahrloste, verkommene. Und zwischen diesen zwei pendelten wir nun hin und her. Was die einen zu viel machten, machten die anderen zu wenig. Die Eltern waren genauso in diese beiden Gruppen einzuteilen wie die Kinder, nämlich die eine Gruppe ganz intelligent, Führerpersönlichkeiten, Arbeitertypen, wie man sie sich ideal vorstellen könnte. Und die anderen, die weniger guten, die nur mitliefen und Drückeberger waren und das an sich gute Milieu schon bloß durch ihre Anwesenheit, durch die Tatsache, daß sie überhaupt da waren, hemmend beeinflußten. Die Leute waren Kommunisten und Sozialdemokraten. Denn andere Leute schickten ihre Kinder nicht in die Freien Schulen. Die Verteilung zwischen Kommunisten und Sozialdemokraten war in Bottrop zeitweilig so: wir hatten 18 KPD-Abgeordnete im Stadtparlament und 3 SPD. Also ganz überwiegend kommunistisch. Auf dem Schulweg, da waren die beiden Parteien zunächst einig, und das schulische Leben vollzog sich sehr angenehm und zur Befriedigung aller. Wir hatten in Bottrop im ganzen 24 Schulen, davon waren nur 2 weltliche, etwa 17, 18 katholische und der Rest evangelisch. So war das Verhältnis. Ja, und dann ging das eine Zeitlang, einige Jahre, 7, 8 Jahre gut, und dann wurde der

Gegensatz zwischen den politischen Parteien, zwischen den Kommunisten und Sozialdemokraten so stark, daß sich das auch auf das Schulleben auswirkte. Und es gab hier Streit und Ärger und verschiedene Auffassungen von den Dingen. Die Lehrer konnten natürlich nur in der SPD sein, KPD, das war nicht möglich und war sehr gefährlich. Mich hatte ja zunächst das primitive Bedürfnis zu leben zur Freien Schule geführt. Aber dann hatte ich mich eingelebt und habe das auch mit Interesse und Energie betrieben: die Idee der Freien Schule, die ja dann zu Ende war, als das 3. Reich kam. Man ist nach dem Kriege wieder an mich herangetreten, das nochmal zu machen, das hab ich abgelehnt.
Na, und das ging dann so hin bis zum Jahr 1933, und dann kam Hitler mit seinem 1000jährigen Reich. Und Hitler, na Hitler persönlich natürlich nicht, aber die Zeit war dann gegen die Weltliche Schule, natürlich. Hitler war nämlich in seiner ersten, in seinen ersten Regierungsjahren durchaus noch kirchenfreundlich, das haben viele vergessen. Und zahlreiche Kirchenaustritte, die vorher vorgekommen waren, wurden dann aufgrund der Nazis wieder rückgängig gemacht. Die Leute traten wieder in die Kirche ein. Ein paar Jahr später wars ganz anders. Die Freien Schulen wurden aufgelöst und die Lehrer zum Teil übernommen an die katholischen und evangelischen Schulen, zum Teil entlassen, darunter auch ich. Und so war ich nun 7 Jahre nicht im Schuldienst. Die Notwendigkeit, eine Arbeit zu suchen, kam auf mich zu. Inzwischen war ich verheiratet, natürlich. Der Bruder meiner Frau war mein Schüler, und eines Tages kam sie, um ihren kranken Bruder zu entschuldigen. So hat ich sie kennengelernt und – nun ja. Sie stammt aus einer sauerländischen Familie, der Vater war dort Schreinermeister. Ich lebte sehr gut mit meiner Frau.
Und ich habe mich dann bemüht um Arbeit – ohne Erfolg. Ich kam zum Arbeitsamt, da sagte man mir: »Die ersten, die Arbeit kriegen, sind die alten Kämpfer. Und dann kommen die 6 Millionen Arbeitslosen, und dann kommen Sie noch lange nicht.« Und so fing meine Frau ein Geschäft an mit Seifen und Parfümerien und so dergleichen, und sie hat dieses Geschäft so ausbauen können, daß wir uns finanziell nicht schlecht standen. Bloß ein Mangel war schon mal der, daß wir

keine Ferien mehr hatten. Wenn andere Lehrer in die Ferien gingen, dann trugen wir Persil und braune Seife durch die Gegend undsoweiter, nicht. Immerhin, man holte mich nach kurzer Zeit als Bürohilfsarbeiter, und ich verdiente 1 Mark täglich, allerdings nur an Arbeitstagen. Wenn also einmal ein Feiertag in der Woche war, kriegte ich diese Mark nicht. Das war 1933, 34, 35, in diesen Jahren, zunächst im Stadtkassenbüro und später im Kulturamt, wo ich für 1 Mark, später dann für 2 Mark täglich, arbeiten mußte. Die Arbeit auf dem Kulturamt hat mir viel Spaß gemacht, und ich hätte das ganz gern alles gemacht, wenn ich mehr verdient hätte dabei. So war das natürlich eine Deklassierung, eine Herabsetzung, eine, na, keine angenehme Zeit. Ja, und da gings weiter, meine Frau machte weiter Seifengeschäfte, und ich saß auf dem Kulturamt.

Es waren die kulturellen Veranstaltungen der Stadt Bottrop vorzubereiten und durchzuführen, ich schrieb Karten und besuchte Theater undsoweiter undsoweiter, es war viel Arbeit. Es gab Theatervorstellungen in drei Ringen, einem Ring A, etwas besser, Ring B, etwas – und dann ein sogenannter Volkskunstring, der war nun ganz billig und lieferte auch die billigsten Sachen natürlich. Dann gab es Konzerte, große Symphonie-Konzerte, aber auch kleine intime Konzerte, und dann gab es Vortrags-Veranstaltungen in großer Menge, in großer Fülle. Da erinnere ich mich besonders eines Vortrages. Das Thema weiß ich nicht mehr, aber es war wohl nicht sehr gut angekommen bei der Bevölkerung. Jedenfalls, wie der Vortragende den Saal betrat, und es sollte losgehen, da saßen nur zwei Zuhörer im Saal. Da sagte dann ein Herr von der Partei, von der NSDAP, dem Vortragenden: »Herr Professor, es ist leider ein Irrtum passiert, der Vortrag ist nicht für 6 Uhr, sondern für 8 Uhr erst bekanntgegeben worden. Bitte, entschuldigen Sie das und kommen Sie um 8 Uhr wieder zu dem Vortrag.« Naja, und dann ging er zum Polizei-Chef von Bottrop und sagte: »Um 8 Uhr muß die Aula sowieso mit 400 Mann besetzt sein, alle in Zivil.« Der telefonierte durch seine Organisation, und um 8 Uhr war der Saal brechend voll. Der Herr Professor kam und hielt seinen Vortrag und hat es nicht gemerkt, wie da geschoben wurde.

Die Nationalsozialisten waren auch zwei Gruppen, nämlich die offiziellen und die inoffiziellen. Mit der letzten Gruppe stand ich mich sehr gut. Wir hatten persönliche Freundschaft und waren manchesmal zusammen. Und mit den Offiziellen ging das immer nur »Heil Hitler« und, ja, wies so üblich war, nicht. Da passierte mir dann Folgendes: ich betrieb natürlich meine Wiedereinstellung in den Schuldienst und brauchte zu diesem Zweck prominente, na, wie soll ich sagen, Leute von der Partei, von der NSDAP, die sich für mich einsetzten. Da waren auch welche, da war der Oberbürgermeister der Stadt Bottrop, der mich persönlich kaum kannte, aber wieder von anderen von mir gehört hatte, und es war auch der Kreisleiter, der, na, über den Mann will ich nun weiter nichts sagen, jedenfalls hatte man ihm auch gesagt: »Das ist son Lehrer, der ist rausgeschmissen worden, bitte, hilf ihm doch und sorg dafür.« Also, er forderte mich auf und sagte: »Sie müssen in die Partei eintreten, sonst hat das keinen Zweck, sonst kann ich Sie nicht fördern.« Also schrieb ich einen Antrag um Aufnahme in die Partei – in der Hoffnung, wieder in den Schuldienst zu kommen. Diesen Antrag, zu dem er mich selbst ermuntert hatte, lehnte er dann selbst ab. Es verlief also die ganze Geschichte im Sande. So ging das bis zum Jahre 1940.
Der Krieg war inzwischen ausgebrochen, die Leute wurden allmählich knapp, auch Lehrer wurden wieder knapp, und ich wurde eines Tages wieder eingestellt in den Schuldienst. Bis zum Jahre 1941, also nur ein Jahr, dann wurde ich Soldat, bei der Marine. 1945 kam ich in Gefangenschaft, und zwar in englische Gefangenschaft, hatte Glück, die Engländer lieferten viele an die Russen aus, viele Kriegsgefangene, aber ich gehörte nicht zu denen. Ich gehörte ziemlich zu den Ersten, die wieder freikamen. Als Lehrer im Ruhrgebiet wurden einige bevorzugt entlassen.
Zurück nach Bottrop gekommen, das ziemlich zerbombt war, hunderte von Toten durch Bombenwürfe gehabt hatte, galt es zunächst, die Schulen wieder aufzuräumen. Und dann wurde ich, als Lehrer konnte ich noch nicht eingesetzt werden, weil keine Räume da waren, zunächst beauftragt, eine Schule wieder schulfähig zu machen. Und ich fragte dann den kom-

missarischen Schulrat: »Ja, wie soll ich das denn machen? Ich allein kanns doch nicht, und wer hilft mir?« »Ja, da müssen Sie durch die Kolonie, die um die Schule liegt, gehen und müssen sich Hilfsleute suchen.« Da sagte ich: »Wer bezahlt die?« »Ja, wir bezahlen es nicht. Das wird so gemacht.« Naja, dann bin ich auch losgegangen und hab zu den Leuten gesagt: »Nervenstarke Leute such ich, die Schule ist derart verdreckt, wer da hineingeht, der darf nicht empfindlich sein.« In der Schule hatten Ungarn monatelang gehaust und hatten die Klassen als Aborte benutzt und ach, das war ganz furchtbar. Und ich fand dann auch einige, und wir haben die Schule in einigen Wochen mit Wasser und Bürsten und Besen soweit wieder in Ordnung gebracht, daß nun wenigstens die Handwerker hineinkonnten und die Klassen wieder gebrauchsfähig machen konnten. Ich selbst kam in eine andere Schule dann.
Ich kam an diese Schule, da hatten wir noch nicht genug Stühle für die Kinder. Da haben wir uns jeden Morgen aus einer gegenüberliegenden Wirtschaft einige Dutzend Stühle herübergeholt, sie mittags wieder hingebracht, und dafür haben wir dann dem Wirt, wenn er Fastnachtsveranstaltung hatte, von unseren Stühlen geliehen. Das war also ein Hin- und Hergeben, das war fürchterlich. Und der Schulbetrieb zunächst nach dem Krieg: primitiv! Wir hatten keine Hefte, kein Papier, kein Schreibzeug – aber es ging doch. Wir durften keine Erdkundekarten benutzen, weil dort noch die alten Nazigrenzen eingezeichnet waren. Also machten wir Erdkunde-Unterricht ohne Karten – und die Kinder haben auch was gelernt. Also, möglich war es schon. Aber es war eben alles sehr primitiv und entwickelte sich dann recht, recht langsam. Inzwischen wurde ich Leiter dieser Schule, die sich nun zu einer 13-klassigen Schule entwickelt hat inzwischen und recht viel Schönes auf ihrem Entwicklungsgang erlebt hat. Einzelheiten darüber? Also, als ich an diese Schule kam, war sie 8-klassig. Inzwischen wurden hier immer mehr Bergleute angesiedelt in dieser Kolonie, und die Schule entwickelte sich, wurde größer und ist jetzt 13-klassig. Sie hieß Viktoria-Schule, wie ich hierher kam. Ich habe mich gegen diesen Namen gesträubt, denn wir hatten weder mit dem lateinischen Begriff victoria, was Sieg heißt, etwas zu tun, wir hatten die

deutsche Niederlage unserer Geschichte erlebt, noch mit der Prinzessin Viktoria, die mit dem Hohenzollern-Haus ja verwandt war, so daß also dieser Name mir nicht paßte und ich vorschlug, die Schule Goethe-Schule zu nennen. Und das gelang mir dann auch. Eigentlich ist es mir unverständlich, daß man heute überhaupt konfessionelle Schulen hat, aber da ich nun selbst an einer Konfessions-Schule arbeite, kann ich natürlich nichts dagegen sagen. Das Ideale ist zweifellos, die Volksschule so einzurichten wie die Höheren Schulen auch sind, nämlich konfessionslos, oder sagen wir mal: nicht konfessionsgebunden. Die Arbeit hier ist nicht gerade schwer, aber auch nicht leicht. Wir haben einen Zechenbereich am Rande einer Großstadt, und Stadtrand-Schulen sind meistens nicht sehr günstig. In der Stadt sind die Eltern der Kinder Beamte, Geschäftsleute, jedenfalls geistig irgendwie interessierte Menschen. Hier sind fast nur Bergleute, die, deren geistiges Interesse doch nicht so stark ist. Und das wirkt sich auf die Kinder aus. Die Kinder sind, naja, es gibt überall begabte und unbegabte, das ist klar, aber so das allgemeine Interesse der Kinder hier ist nicht stark, und man ist manchmal entsetzt, wie schwach im Geist unsere Kinder sind. Aber daran gewöhnt man sich auch und kalkuliert das mit ein in seiner Arbeit, und dann gehts eben auch ...

## Dieter V.
## Verkäufer

Wenn ich auf dem Sportplatz stehe, also hier im Stadion meinetwegen oder woanders, ich bin sehr nervös vor dem Spiel. Aber sobald ich aufm Spielfeld stehe, is alles vergessen. Da seh ich auch keine Zuschauer mehr, da is nur das Spielfeld für mich, für unsere Mannschaft da, und ich seh natürlich den Gegner, das is klar, aber sonst is alles vergessen. Obwohl wir, ich mein, ich muß von mir sprechen, ich weiß nich, wies bei andern is, Vertragsspieler sind und wir Geld dafür bekommn, ists doch immer noch Sport für mich. Die Zuschauer mögen sich freuen über das Spiel, aber wir freun uns immer am meisten. Bei uns ist es so gehandhabt, daß ein Grundgehalt festgesetzt is, 160 Mark. Ich hab gehört, daß es bei andern Vereinen höher is, das is ja nich viel anundfürsich, das andere muß durch Siege oder durch Unentschieden zukommen, also durch Prämie eingespielt werden. Ich mein, dadurch wird der eine, einzelne angefeuert und natürlich die ganze Mannschaft, nech. Die Höhe des Sieges spielt keine Rolle. Ja, wenn schon mal n ganz schweres Spiel is, dann wird man auch nich knauserig sein und wird sagen, also: »Das Spiel wird hoch bewertet, wir machen da ma n bißchen mehr.« Das geht natürlich vom Vorstand aus. Und wenn die Jungs da am Stadion, ich meine, wenn da einer so hinterm Autogramm her ist, das versteh ich hundertprozentig, weil der ja doch irgendwie nachm Vorbild sieht. Was ich allerdings nich verstehe, daß manche Spieler hergehn und sagn: »Hab jetzt keine Zeit . . .« undsoweiter. Meine, die sollten doch dann lieber zurückgehn, wie se früher warn. Ich war nich so fanatisch hinterher, daß ich mir n ganz großes Album gekauft hätte mit Bildern drin undsoweiter, aber man hat sich doch gefreut, wenn man früher Eppenhoff, von *Schalke* die ganzen Spieler, nech, oder von *Borussia* Dortmund, wenn man da maln Autogramm ergatterte, oder *Fortuna* Düsseldorf oder *Rotweiß* Essen, damals zu Oberliga-Zeiten. Da hat man sich doch gefreut, und wenn es nur, um nachher mal irgendwie zu zeigen, daß man mit denen näher zusammengestandn hat früher, nech.

Ja, ich bin am 21. April 1940 geboren, und zwar in Landsberg an der Warthe, also in Brandenburg. Wir mußten dann da weg, weil der Russe da war. Das war 45, ja. Dann kamen wir zunächst nach Bremerhaven, da war mein Vater mehr oder weniger in Kriegsgefangenschaft beim Ami. Da durften wir aber nicht bleiben, weil das Sperrzone war für Deutsche, sozusagn. Dann mußten wir nach Osterholz-Scharmbeck, s son kleiner, na, klein nicht, aber ne Kreisstadt. Und da kam ich dann zur Schule, 47, blieb da bis zum 4. Schuljahr, also 51, und kam dann nach Bochum, weil mein Vater hier eine Beschäftigung kriegte als kaufmännischer Angestellter, bei meinem Onkel, der hier eine Baufirma hatte. Meine Schulzeit hab ich hier beendet und dann ne kaufmännische Lehre angefangen in einem großen Kaufhaus.

Zwischendurch hab ich natürlich schon Fußball gespielt, also praktisch mit 7 Jahren angefangn, mit klobigen Schuhen, provisorisch alles, aber es klappte. Den Ball konnt man schon mal treffen. Heute is das für uns ne Selbstverständlichkeit, n paar wunderbare Fußballschuhe, nech, und nich die billigsten. Damals: n paar hohe Schuhe – mein Vater machte mir die Freude, machte mir n paar runde Plättchen da drunter: ich bin zwar wie auf Stelzen gelaufn, aber es war eben etwas. Dazu muß ich sagn, daß unsere ganze Familie sehr sportlich war und auch heut noch sportlich eingestellt ist. Mein Bruder, das heißt, meine beiden Brüder warn begeisterte Segelflieger. Dann, mein Vater, war auch Fußballspieler und Leichtathlet, der war langjähriger Betreuer hier vom VfL. Hat mir zwar nich ganz gepaßt, weil man doch da immer etwas angeeckt is mit den andern Spielern: »Du kriegst ja doch schon ma eher was ...« und so, nech? Und meine Mutter, ich meine, kann nur immer wiedergeben, was man mir erzählt hat. Jetzt bis zum, s war also, als das Kind schon da war, hat die immer noch Handball gespielt, nech. Die war aus Schlesien, muß n kleineres Dörfchen gewesen sein. Aber sie hatte Krankenschwester gelernt, durch die Heirat is das natürlich, der Beruf, untern Tisch gefalln. Ja, dann habe ich da gespielt. Und als ich mein erstes Tor geschossen hab, ich hatte damals im Sturm gespielt, als Rechtsaußen! Heute is, als Stürmer, is meine Meinung auch heute noch, is es immer noch n bißchen einfacher, in den Vordergrund zu kommen, ja? Tore zähln. Sie sehns ja an E. Von mir spricht keiner, von den andern spricht keiner: E. ist der Torschützenkönig.

Kurz nachm Krieg, da ham mein Vater und mein Bruder, mein Bruder is Schlosser, beim Ami gearbeitet, und da kam doch schon ma etwas so zusammen. Zum Beispiel erinnere ich mich immer an eins: da gab es diese Signalballons in verschiedensten Farben, ich weiß nich, wozu die eigentlich gedient ham, aber nannten sich Signalballons in den verschiedensten Farben, und da konnten wir wunderbar Fußball mit spieln, nech. Und der Ball, der kam immer so wunderbar langsam runter. Und die hielten sehr gut. Das weiß ich anundfürsich noch. Also, da war mein Bruder immer mit von der Partie, wenn es darum ging, irgendwie mal son Ball zu erwischen und dann mitzuspieln. Und in diesem Ort hab ich so nach Schulschluß schon ma in ner Lebensmittelbranche ausgeholfen, erstmal als Laufbursche und natürlich auch schon ma bedient und – hat mich irgendwie Spaß gemacht. Das war gleich nach der Währungsreform, und da war man froh, auch mal so als kleiner Bengel so ne kleine Zuwendung von den zu erhalten, ob es jetzt Süßigkeiten, Bananen oder sonst irgendwas waren, nech? Es war ja damals doch schlechte Zeit. Und 55, als ich eben aus der Schule kam, da war natürlich auch arbeitsmäßig nie alles so rosig. Arbeitsamt angefragt, ich wollte anundfürsich erst zur Handelsschule noch weitergehen, aber dann bin ich doch gleich ebn bei ner großen Textilfirma in Bochum angefangen.

Der erste Tag, das war nun ganz kurios, ich meine, man kannte sich ja natürlich nich in ner Branche aus, wie das da alles so vonstatten geht, und kam dann ganz aufgebracht dahin, nech, und n bißchen schüchtern, is ja selbstverständlich, was heute natürlich vorbei is. Und einma kleidungsmäßig, ganz salopp angezogen, eben wies so war: paar Sportnadeln noch am Revers, und das war natürlich nich gern gesehn, denn da sollte man ja doch irgendwas vorstelln vor dem Kunden undsoweiter, nech, und man wollt natürlich mit Sport nichts zu tun ham – die Nadeln mußten jedenfalls weg. Das

Schlimmste war, ich war damals sehr klein. Heute 1,86, ich weiß auch nich, wie es kommt. Damals, als ich aus der Schule kam, also mit 14 – 1,55! Und da hattn wir damals, nech, heute ist es etwas modernisiert, diese Lampen noch, die einzeln angeschaltet wordn sind, und diese langen Strippen. Da ham sich die Verkäufer natürlich immer n Spaß draus gemacht, besonders, wenn Lampen über einem Kleiderständer hingen, da irgendwie noch n Knoten oder mehr reinzumachn in das Kabel, das da hing, nech. Und ich als kleiner Zwerg, ich mußte das Licht dann ausmachn. Aber bin da auch gut mit zurechtgekommn, hab da die Mäntel, da wo ich grade war, zur Seite geschobn und n halben Klimmzug gemacht und dann natürlich ausgedrückt.

In diesem Hause, da is es so, daß der Lehrling, das is anundfürsich sehr praktisch, nich nur Oberbekleidung kennenlern sollte, sondern die sämtlichen Abteilungen durchkommt und wirklich – das ganze Handwerk von der Picke lernten wir zwar nich, aber von der auf zu lernen . . . Ich hab da Baumwollwaren und Bettenabteilung und Konfektion, Gardinen, Teppiche, außer natürlich Damenabteilung, die hab ich besucht. Ja, und ich hab mich dann nach meiner ganzen Lehrzeit, na, während meiner Lehrzeit entschlossen, ma etwas außergewöhnlich, nicht außergewöhnlich, aber was nich so im Rahmen lag zu tun: nicht in de Herrenkonfektion zu gehn, sondern Bettnspezialist zu werden. Ich meine, ich schlaf auch sehr gerne, aber das hat nichts damit zu tun. Es is eben mehr ein Fach, was, wo ich eben ein Weiterkommen sah, nech. In Herrenkonfektion ist überhaupt, die Konfektion überhaupt überlaufn. Und ich hab mich dann auch so ganz gut eingefundn und eingelebt, die Firma, die förderte das Ganze auch n bißchen.

Meine Arbeitszeit is anundfürsich ziemlich lang, von 1/2 9 bis 1/2 7, allerdings ham wir dann jede Woche ein Tag frei, das is die rollierende Woche, nech, also 5-Tage-Woche. Und zur Zeit is es so bei mir, daß ich den freien Tag immer opfern muß für dieses sogenannte Trainingslager, wo wir immer zum Wochenende wegfahrn zur Vorbereitung auf die sogenannten großen Spiele. Die Firma is anundfürsich sehr kulant und auch großzügig, aber ich möcht nich, ich kann immer wieder da-

gegen halten: »Die Firma schenkt mir ja nichts.« Sollten wir natürlich in, toitoitoi, das is jetzt schwer, in diese Bundesliga kommen, dann is es natürlich für mich n großes Problem, die volle Arbeitszeit bei der Firma durchzustehn, ja? Denn wahrscheinlich kommen doch irgendwie Tage undsoweiter, wo der Trainer sagt: »Komm, heute Morgen wird trainiert, oder heute Nachmittag«, und da müßte ich natürlich immer frei habn. Ich weiß nich, wie die Firma dadrauf reagiert. Denn ich möcht auf jeden Fall in meim Beruf bleibn, vielleicht is da irgendeine Möglichkeit zu schaffen. Aber ich möchte ziemlich unabhängig sein. Ich meine, selbständig machen undsoweiter, das is für mich wohl kaum drin, es sei denn, ich müßte eine ganz andre Branche nehm, wie es viele Sportler gemacht habn, irgendwie ne Tankstelle oder Lokale oder sonst irgendwas, ja? Aber in dieser Textil-Branche anundfürsich weniger. Natürlich möcht ich ma n Häuschen haben, das is ganz klar, aber das kostet Geld – und das is eben wie gesagt, ma wieder verbundn mit dem Fußball. Also, ich muß mich dazu zwingn, so lange solide zu bleibn, daß ich den Fußball weiterspieln kann, gut weiterspieln kann, daß man mich noch gebrauchn kann – und damit eben noch Geld zu machen.
Durch meine Lehre, durch Kurse undsoweiter mußte ich damals etwas zurückstecken, da hab ich so 2 Jahre den Sport ganz vergessen, den ganzen Fußball vergessn. Und plötzlich flatterte, also muß ich m heut noch dankbar sein, daß er mir geschriebn hat, das war der Fritz H., früher Vertragsspieler von VfL. Flatterte eine Karte, eine Einladungskarte ins Haus: »Sie sind nominiert«, also als Mittelläufer in dem Spiel, ich weiß nich, es war irgendwo in Gelsenkirchn, warn kleiner Verein. Und ich habe bis dahin noch keinen Mittelläufer gespielt. Wir ham wohl mal von der Firma aus Fußball gespielt, und da mußte jemand gesehn ham, daß ich da n Mittelläufer gespielt hab und muß ihm gefalln ham. Und seit der Zeit spiele ich eben Mittelläufer. Erst in der Amateure, in der 2. Amateure, dann kam, nein, das warn bißchen Glück, muß ich sagn, dann kam Richard W., der heute schon lange tot ist, der hat nachher für *Rotweiß* Essen gespielt, kam der von der 1. Amateure in die Vertragsmannschaft, also bekam einen Vertrag. Dadurch bekam ich die Chance und die Möglichkeit,

tourneeführend in die 1. Amateure aufzusteign, und von da aus hat sich das dann so weiterentwickelt. Wir ham dann in der 1. Amateure einen Aufstieg geschafft, haben schöne Reisen gemacht, England unter anderem. Ich bin n bißchen reisehungrig, und meine Frau reist auch ganz gerne. Und was mir besonders immer Spaß macht auf diesen Reisen, wenn ich ma ins Ausland komme, ob es jetzt Engländer is oder mit Bulgaren oder mal mit Franzosen hier in Deutschland, is egal, welche Nationalität. Ich sprech etwas Englisch, das genügt, son paar Brocken, paar Handbewegungen dabei, da versteht man sich schon. Dieses Radebrechen, ja, ma dieses Umschreibn undsoweiter, also, ich unterhalt mich sehr gerne mit Ausländern.

Und dann hab ich das erste Mal den Vertrag unterschriem, das war 19, 1962. Da kam ich zur Bundeswehr. Das Kuriose daran, den Vertrag hab ich nachträglich unterschriebn, das heißt, als ich schon bei der Bundeswehr war, und zwar direkt in der Wachstube. Ich war in einer Einheit, und zwar Luftwaffe/Flugabwehr. Und in der Grundausbildung hatt ich n Hauptmann, der war sehr verständnisvoll für Fußball. Aber dann hab ich einen Oberstleutnant gehabt, der war für jede Sportart zu begeistern, nur nich für Fußball. Und da war natürlich sozusagen der Bart ab. Zum Training gar kein Frei mehr, und natürlich dann auch kein Spiel mehr gemacht, nech? Bloß dann, in den, ich hatt ja n 2-Jahres-Vertrag, in den letzten Spielen, als es so zum Ende der Serie ging und der VfL schon ganz unten stand, da wurde ich so abwechselnd eingesetzt. Aber es war nichts mehr zu retten. Ich mein, das soll nich heißn, daß ich noch rettn sollte, ja? Aber da war nix mehr zu rettn, und so sind wir ebn doch abgestiegen zur Verbandsliga. Ich bin beim VfL gebliebn. Und wie Sie wahrscheinlich wissen, nach 2-jähriger Zugehörigkeit zur Verbandsliga ham wir es eben wieder geschafft, in die Regionalliga zu komm, und ich möchte sagn, mit allerhand Erfolg. Denn innerhalb von 2 Jahren wieder oben zu stehn, das heißt schon allerhand. Also, für mich war die Bundeswehr, beruflich gesehn, ein Rückschlag, zeitlich und natürlich auch finanziell. Ansonsten möcht ich sagen, daß die Bundeswehr nicht schlecht is, nech, ich hab da anundfürsich ein gutes Leben geführt. Das erste

Vierteljahr war nich so gut, weil das eben da hart herging, die Grundausbildung, da stand man schon mal bis zum Schlamm, wenn man da reingefallen is, bis zum Hals drin, aber das war alles halb so schlimm. Ich finde, wer etwas sportlich veranlagt is, dem macht die Bundeswehr gar nichts aus. Und bei Politik möcht ich nich direkt mitmischen, denn dazu versteht man doch zu wenig von der ganzen Sache, das möcht ich doch schon den befugteren Leuten überlassen.

Vor 45, da weiß ich noch so von n paar Aufmärschen. Unsere Familie war sehr musikalisch, und das ging natürlich mit Glanz und Gloria über die Bühne da. Braune Uniformen kenn ich noch. Hakenkreuz kenn ich auch noch, aber sonst anundfürsich ... Ja, Nationalsozialisten ham wir ja heute schon wieder, praktisch. Ich möchte sagn, im Anfang wars gut, nachher war es natürlich ziemlich schlecht, ich meine, das warn ... Juden undsoweiter, da wird so viel dann gesprochen, wolln mer gar nich erwähn. Aber ich meine, eine, einige Sachen hatte Hitler, jetzt wenn wir mal nennen, ganz gut gemacht, denn damals war ja Deutschland praktisch am Boden zerstört. Zum Beispiel, die Arbeitslosen verschwanden alle von der Straße. Man spricht ja viel immer von seinen Autobahnen, aber die hat er ja mit Hilfe dieser Leute eben gebaut. Andrerseits fand ich es anundfürsich, ich meine, nicht, daß unbedingt jetzt die Todesstrafe wieder eingeführt werden sollte, ja, fand ich es damals einfach sehr richtig, die eine angemessene Bestrafung zu geben, für diejenigen Leute, die sich irgendwie vergangen ham. Denn heutzutage is es ja praktisch, möcht nich sagen, genauso, dazu hab ich kein Vergleich, ja, aber heute wagt sich doch keine Frau alleine mehr irgendwie, meinetwegen hier durchn Stadtpark oder sonst irgendwo durchzugehn, nech. Oder auch das Eigentum des Einzelnen, ich mein nich jetzt von Beschlagnahmungn undsoweiter gesprochen, wie ich schon mal gehört habe, ja, war doch anundfürsich vor Dieben und Einbrechern besser geschützt als vielleicht heute.

Ja, also wie ich schon vorhin sagte, ich interessier mich für Politik so in etwa, aber ich möchte nich reinreden; andrerseits is natürlich die Lage zur Zeit bedenklich, denn die Entlassungen, die führn ja nich zu Frohsinn. Was ich nur nich verstehe, daß man erst vorher investiert in den Bergbau, ich hab zum

Beispiel vor einigen Wochen ein Bericht gelesen, beziehungsweise gesehn, im Fernsehen, daß da eine Zeche mit Millionen oder Milliarden ausgebaut wird, ich mein, Millionen genügen ja auch schon, und jetzt plötzlich stillgelegt wird. Da muß doch irgendwas verkehrt gelaufn sein. Ich kenne viele, die Feierschichten ham, hier aus unserm Sportverein. Wir ham ja hier unser Vereins-Lokal, das Verkehrs-Lokal der Mannschaft, wo wir uns zusammfindn und wo wir eben unsere Aussprachen und auch unsere Feiern ham, wie auch mal Kegeln undsoweiter, ja, wo man sich doch schon mal näher kommt. Und hier eben, da sind wir eine Gemeinschaft, singn könn wir auch ganz gut, vorwiegend natürlich Sportlieder, nech, und dann kommn auch schon mal so Studentenlieder dazwischen, also, is schon ganz schöner Lärm dann immer hier. Anundfürsich ham wir ja doch ganz andere Interessen sonst, der eine is auf dem Gußstahl-Werk, der andere is hier im Stahlwerk, der andere is an der Bank, der andere is im Kaufhaus undsoweiter, bei de Stadtwerke undsoweiter, ja, das sind ja ganz andere Berufsgebiete, nech, wo der eine dem andern gar nich reinreden kann. Aber was ich nicht verstehe beim ganz großen Werk, also, daß is das größte Stahlwerk hier überhaupt in Bochum, daß die Feierschichten machen müssen, während andere voll arbeiten. Also, s kapier ich einfach nich. Und daß direkt genausoviel produziert wird wie vorher, wo mehrere Arbeiter beziehungsweise mehr Stunden gearbeitet wurden. Also, die Produktion is die gleiche gebliebn. Die Leute ham Angst, den Arbeitsplatz zu verliern, anders kann ichs mir nich vorstelln, nech.
Ich bin ja in er Gewerkschaft, ja, und bin auch im Betriebsrat unseres Hauses, weil ich da irgendwie ne Notwendigkeit sehe oder sah, sich irgendwie zu einer Gemeinschaft zusammenzuschließn, denn hier lebt ja nun jeder irgendwie für sich, und doch ma irgendwelche Forderungn, ich bin anundfürsich gegen erhöhte Forderungen, ja. Aber doch ma irgendwie Forderungn, die nötig sind, gemeinsam anzustrebn. Also, von uns persönlich als Betriebsrat ja nicht, das geht ja alles von der Gewerkschaft aus. Aber ich denke da nur an die Urlaubszeiterhöhung und auch Lohn- und Gehaltszahlung undsoweiter. Ich mein, das sind natürlich alles Vorteile, während auf der andern Seite, is meine persönliche Meinung, ich die Vorteile wieder

erniedrigen muß, weil in dem Maße, wie die Löhne und Gehälter höher liegn, auch die Preise wieder stiegen. Ich würde annehmen, daß zuerst die Löhne und Gehälter angehobn wurdn und dann die Preise nachzogen. Ich weiß es nich, von meiner Warte aus . . .
Früher hab ich immer gedacht: hoffentlich erwischt man ma eine Frau, die n bißchen Interesse für Fußball hat, und jetzt is es noch schlimmer gekommn, jetzt hab ich eine erwischt, die hat zuviel Ahnung. Also, die macht mich manchmal fertig, meine Frau, nech, daß ich nich mehr weiß, also, ob es mein Trainer is oder meine Frau. Ich hab sie praktisch hier am Sportplatz kennengelernt. Sie wissen ja, wie das so ist, wenn Fußballspieler, ich weiß nicht, sinds nur Fußballspieler oder auch bei andern Sportlern oder auch, wenn ne Veranstaltung is . . . Wie alt war ich, 22, 23, wenn man da vom Sportplatz kommt mit mehreren, dann juxt man doch schon mal son bißchen. Und wenn da son Mädchen steht, dann versucht ma, die son bißchen zu ärgern, nech? Und das ham wir auch getan. Und am nächsten Sonntag war die besagte Dame, ich sag immer Dame, jetzt ja meine Frau, war wieder da. Ging das wieder von vorne los, nech? Na, hatse noch ne Freundin gehabt, die kannte jemand vom Sportverein, hat der also seine Freundin mitgebracht, und da war auch meine jetzige Frau dabei. Ja, und da nahm das Ganze seinen Lauf. Tanzen, was so üblich ist, sind wir anundfürsich weniger gegangen, weil ich immer darauf bedacht war, ich meine, auch heute noch: ich geh nicht ins Kino oder sonst irgendwo hin, heute bleib ich zu Hause, also ab Freitag sowieso – gar keine großen Extravaganzen mehr. Früher, als ich noch ledig war, da bin ich meistens freitags ins Kino und dann Samstag Fernsehprogramm und so, mal ne Bundesliga, hab ich mir das zu Hause angeguckt, nech? Und nur, um eben mich vorzubereitn auf das sonntägliche Spiel. Unser Gesprächsthema ist auch in erster Linie Fußball. Dann bin ich immer derjenige, oder ich muß derjenige sein, der dann ma sagt: »Komm, jetzt nich, stopp, jetzt was anderes.« Nech? Und dann diskutiern wir über sonstige Sachen, was noch anzuschaffen is, oder wie wars denn heute im Geschäft, oder bei ihrm Salon, sie ist Friseuse, undsoweiter, nech. Da kommn immer allerhand Themn zusammn.

Und ich lese eigentlich auch gern, also, nich zu schwere Bücher, jetzt nich gewichtsmäßig, sondern inhaltsmäßig. Meistens hab ich aber keine Zeit, eben durch diese beidn Leben, Beruf und Sport. Dann meine Frau, die sieht mich doch selten, da muß ich mich doch ihr n bißchen widmen und sonstwas anstellen, weggehen undsoweiter. Das einzige, was ich brauch zum Lesen, das is abends son Roman, son Krimi oder auch ma n Wildwest, aber den brauch ich lediglich zum Einschlafn. Also, ich hab Schwierigkeiten mitm Einschlafen, und Schlaftabletten möcht ich nich nehmen.
Meine Frau geht zur Zeit noch arbeitn. Wenn ich dann in der Lage bin, daß meine Frau nich mehr arbeitn brauch, dann würd ich ihr unbedingt sagn, sie soll zu Hause bleiben. Und was mich selber anbetrifft, ja, also man sagt so im allgemeinen, bei 30 wär die Spitze erreicht. Ich möchte sagen, daß ich noch weiter spiele, falls nichts dazwischenkommt, toitoitoi, denn ich hab keine Veranlassung, irgendwie aufzuhörn, jedenfalls, solange ich es luftmäßig, konditionell undsoweiter schaffe, denn ich hab keine Veranlagung, irgendwie Fett anzusetzen. Wenn mir das passiert, dann is es natürlich aus. Eine Möglichkeit wäre immer noch die Trainer-Position. Aber die is mir n bißchen zu riskant. Auf der andern Seite ist wieder der finanzielle Vorteil, wenn man so weit ist wie unser Trainer zum Beispiel – ich möcht ja ma n Häuschen ham – daß der finanzielle Vorteil eben da ist als Ausgleich, dann wird die Frau da natürlich auch nichts gegen ham und so, vielleicht is es ihr sogar lieber . . .

# Maria B.
# Putzfrau

Ich bin aus Ostpreußen, aber ich bin schon lange hier, seit 24. Da waren auch familiäre Dinge, die das bestimmten, daß meine Eltern hier nachm Rheinland gezogen sind. Meine Schwester, die hatte jemand kennengelernt, und die haben hierhin geheiratet, und wie das denn bei so ne Mutter ist: jetzt das Kind, das nicht da war, das fehlte am meisten. Ich hatte 5 Geschwister, wenn se lebten, wärns 13 gewesen. Wir warn vom Lande: viel Kinder, viel Arbeit und wenig Nachdenken, so war dat doch. Wenn man so die Zeit vergleicht: 13 Geschwister hätten wir gehabt, meine Brüder hatten 4 und 5, ich selbst hatte auch 4, aber meine Kinder haben wieder eins, und so ist das bei den andern Geschwistern auch. Ist doch irgend etwas im Gange, daß sie sagen: man kann das nicht verantworten, auch auf diesem Gebiet nicht. Man stellt auch mehr Ansprüche. Und ich seh das für richtig an. Warum sollen die Eltern denn nicht an sich denken? Wenn die Kinder so weit sind, daß sie dem Leben gegenüber auf eigene Füße stehen ...

Als wir hierher kamen, war ich 14. Ich bin denn in Haushalt gegangen. Zu Hause bleiben konnte man ja nicht. Beruf lernen – das lag noch nicht drin. Es ging ja auch nicht, weil jeder, der nun 14 Jahre alt war, zum Leben mitverdienen mußte. 24, 25 – was hab ich verdient, 10 und 12 Mark, dann ist das aufwärts gegangen auf 20 Mark, da war ich aber schon 16 Jahre, bei einem Lehrer-Ehepaar war ich im Haushalt. Muß ich wirklich sagen, ich hatte es noch sehr gut, ich hatte sehr nette Leute. Nun hab ich auch früh geheiratet, ich war noch keine 19. Mein Mann war Bergmann. Eigentümlicherweise war er auch von Ostpreußen. Wir ham uns hier kennengelernt, in Hamborn, bei meine Mutter zu Hause, die hatte dann noch zwei Logis-Gänger. Die wohnten da, die hat sie denn beköstigt. Und wenn ich denn mal nach Hause kam, alle zwei Monate – da haben wir uns dann kennengelernt. Naja, er war n guter Mensch, und die Eltern haben denn immer gesorgt oder wenigstens gerne gesehen, wenn sich da was tat, nich. In Voraussicht, will ich mal sagen, das war noch gar nicht mal schlecht. Man soll ja auch auf der Alten Rat hören, nich? Muß wirklich sagen: bin gut gefahren im Leben damit. Obwohl, mit 19 Jahren, mit 18½ Jahren haste noch gar keine Vorstellung vom Leben, wenigstens damals nicht. Was hab ich mir vorgestellt, was ne Ehe war. Wir haben 27 geheiratet, im Juni, und mein Junge wurde geboren am 29. März 28. Ach Gott, war das ein Glück. Der ganze Inhalt war ja nun: krieg ich auch n Kind? Krieg ich auch eins? Ich konnte mir da gar nichts drunter vorstellen. Jetzt hab ich doch gedacht: naja, wenn Mann und Frau zusammen ist – na, denn kriegste n Kind. Jetzt kriegt ich aber – meine Tage, wieder. Da hab ich geheult, hab ich geheult, ich hab gesagt: »Mutt, der nimmt mich nich, ich krieg ja kein Kind.« Also, das wußt ich nun auch, dann blieben ja die Tage aus. Dann warens noch drei Monate, bis wir verheiratet waren, dann hab ich doch n Kind gekriegt. Und ich wollte doch eins. Er wollte auch. Die Ehe, das beinhaltet ja das, sonst hätte man gar nicht heiraten brauchen. Und dann kommt dat nun: Wie, wie, wie? Wie man da dat Leben gefühlt hat, dat war so wat – Urkomisches, und doch was Beglückendes, und man hat nicht getraut, Mutter zu fragen. Dann hab ich mit mein Mann gesprochen: »Mein Gott, Hermann, fühl mal . . .« Aber wie denn? Wenn es soweit ist: *Wie?* Daß das nu auch da her kommt, das wußt ich wahrhaftig Gott nicht. Dann hab ich mir das immer beguckt, so, und da ist denn immer so ne Narbe am Leib, naja, da hab ich dann gedacht: irgendwie muß das ja mit dem Nabel zusammenhängen, also irgendwie muß das ja da her kommen. Daß das nun auf anderm Wege kommt, das – das war nicht reinzuschlagen. Bis das soweit war. Naja, meine Mutter war gar nicht zu Hause, die hatte noch n paar Waschstellen, mein Mann war auf Schicht. Mein Vatter war mittlerweile erwerbslos, Vater war zu Hause, hat aber nichts gesagt. Ja, was weiß man denn davon? Steh auf – alles: oh je, oh je. Zusammengepackt, neues Bettzeug rein. Wieder hingelegt. Dasselbe war. Wieder raus. Jetzt rumgewankt. Da hatten wir denn noch diese Plumps-Klos, da mußte man denn noch ausm Haus raus, übern Hof und dann in Stall rein. Und da bin ich immer hingegangen, weil ja nun der Drang war, nich. Stelln Sie sich mal soviel Unwissenheit vor! Was da hätte pas-

sieren können. Bis auf einmal eine ältere Frau aus dem Nebenhaus, die hat mich wohl denn immer gesehen so rumwanken – und Vatter hat auch nichts gesagt – das sagt sie zu mir: »Mieze«, sagt sie, »geh du nich mehr in Stall.« »Ja, Tante, warum nicht?« »Das darfst du nicht, dann mußte aufn Eimer gehn.« Ja, aber mir kam noch immer keine Erleuchtung, warum nicht. Ich mußte doch! Und dann hat nachher der Vatter denn doch, wie ich denn so an so nen Halter gehangen hab, mich denn festgekrallt, ich konnt jetzt den Schmerz auch nicht mehr verbeißen, da sagt er: »Ich werd mal die Mutter holen.« Die Mutter kam, sagt sie: »Mein liebes Kind«, sagt sie, »das müssen Kaiserinnen und Königinnen mitmachen, das ist nun einmal im Leben der Frau so, das geht wieder vorüber.«
Ein Jahr ham wir bei meine Eltern gewohnt, die hatten da ein Zimmer freigemacht. Da haben wir tagsüber drin gegessen, und wenn Besuch kam, wurde sich dann aufgehalten. Stand allerdings n Bett drin. Das war denn unser. Jetzt hatten aber Vatter und Mutter n Großvater und ne Tante noch bei sich. 3 Räume hatte das Haus, Küche und 2 Zimmer. Und eine Schwester war noch zu Haus. 7 Personen und das Kind. Und dann hab ich nachher, wie das Kind ein halbes Jahr alt war, hab ich ein Zimmer gekriegt, ne Mansarde. Da haben wir gewohnt bis 30. Und 30 haben wir dann ne Wohnung gekriegt, da kam aber unser 2. Kind.
Da war der zweite denn vielleicht n halbes Jahr – da war mein Mann erwerbslos. Tja, was tun Männer, wenn sie keine Arbeit haben? Dann ham sie schon mal Karten gespielt, dann ham sie Holz gehackt, und so rum, man kann ehrlich sagen: rumgelungert. Mit dem Essen, das war happich, das war manchmal furchtbar. 17 Mark 25 haste gekriegt für die Woche, für zwei Kinder und zwei Personen. Und dann zumindestens 20 Mark für die Miete, obwohl die Wohnung über 40 Mark gekostet hat. Die 20 Mark sollten gezahlt werden. Ja, immer hats nicht gereicht. Denn hab ich mal 12 Mark bezahlt im Monat, dann hab ich mal 8 Mark gezahlt, dann hab ich auch mal 15 Mark gezahlt, an die Siedlung, die hing mit der Zeche zusamm. Das eine Zimmer wurde vom Gerichtsvollzieher beschlagnahmt, da kam der Kuckuck drauf. Und späterhin wurde das denn von der Stadt vermietet, da kam auch n Erwerbsloser rein, mit ei-

nem Kind. Das könn Sie sich ja vorstellen: hier zwei Kinder, da eine Familie mit einem Kind, Kinder schreien, wenn das eine aufhörte, fing das andre an. Zermürbend. Und man weiß mitunter nicht: was kochste n andern Tag, was gibste, was bringste aufn Tisch, obwohl damals die Preise billig warn. Was hat das Fleisch gekostet damals? 55 Pfennig, 48 Pfennig das Pfund, und 68 Pfennig, ja, Schweinefleisch. Ja, und wir konnten ja nur 1/4 kaufen, und dat kam nich hin. Margarine 25, 35 Pfennig ein Pfund. Ja, aber man brauchte Zucker, man brauchte auch die Milch für die Kinder. Milch weiß ich nicht mehr, was die kam. Jedenfalls, es reichte nicht hin und reichte nicht her. Und Vatter, der noch n Päckchen Tabak haben mußte, das warn 50 Pfennig. Das war furchtbar, wenn er nicht damit auskam. Und für uns selber: Kino, sowas – saß nicht drin. Wenn man da nicht die Eltern gehabt hätte, die noch manches beigesteuert haben ... Dann kam Vatter mal mit n Rucksack und ne Tasche oder Mutter hatte n Kleid oder für die Kinder Hemden oder sonstwas. Es ist ja vielen auch noch viel schlechter gegangen. Man hat natürlich immer versucht, obenauf zu bleiben. N bißchen Seife mußte auch sein! Man wollte ja auch nicht verkommen. Es mußte gewaschen werden, es mußte doch das Haus sauber gehalten werden, kostete doch alles Geld. Ach, da haste manchmal mit Asche gescheuert, weil keine Seife und kein Putzmittel eben zu kaufen war. Ich wünsch sie nicht zurück, die Zeiten ...
Dann hat mein Mann Kohle gesucht, dann hat er auch Waggons mit abgeladen, bei den Berufstätigen, die glücklich warn, Arbeit zu haben, da hat er denn mitgeholfen, die haben ihm dann wieder ne Mark, 2 Mark, 3 Mark die Woche von ihrem verdienten Lohn abgegeben. Also, einer hat den andern noch mit ausgebeutet. Der Arbeit hatte, der verdiente ja damals auch Geld, die konnten sich auch kaufen. Nun müssen Sie sich mal vorstellen: die haben für einen Waggon 2 Mark 50 bekommen. Und die ham mitunter 3 Waggons am Tag abgeladen. Und in jedem Waggon warn zumindestens, ich glaube 120 Tonnen – Schutt. Es kam nun wieder auch auf die Verpackung an, auf den Schutt; mal wars Kalk, mal warns Ascheberge, je nachdem wie schwer und wie festgebacken das all war. Einmal ham sie n Wagen leichter leer gekriegt, mal ham

sie wer weiß wie lange dran gesessen bis spät in die Abendstunden, damit das denn auch wegkam. Das Eisen natürlich wurde dann rausgesucht, das wurde gesammelt und wurde verkauft. Und derjenige, der nun rechtmäßig in diesem Arbeitsverhältnis stand, da war mein Mann ja jetzt ne Hilfe für ihn. Und er kriegte von ihm dann gutwilligst 3 Mark. Und wir warn froh, daß er die 3 Mark kriegte, denn das war zusätzlich wieder etwas. Und wie hat er sich abgeschuftet. Darf man gar nicht drüber nachdenken.

1933 die Wahlen, natürlich war alles unruhig, hat draußen gesessen, hatte ja nun nicht jeder n Radio. Und diejenigen, welche eins hatten – da war alles wie Trauben außen, das stand im Fenster, und jeder hat nu gehört bis in die Nacht hinein, man kann bald sagen, bis in die frühen Morgenstunden. Nun ja, und dann wars natürlich geschehen: sie ham die Mehrheit. Wat kommt jetzt? Das werd ich nie vergessen ... Da hatten wir uns schon n paar Mark anne Seite, für Notgroschen, da kam n Nachbar zu mir, da gings um den Zusammenschluß KPD/SPD, vor der Machtübernahme. Sagt er: »Wir werden uns n bißchen Mehl und Grieß, n paar Pfund holen für die Kinder, denn es wird wahrscheinlich zur Arbeitsniederlegung kommen.« Naja, wir ham uns für dat letzte Geld Mehl und Grieß geholt, daß die Kinder denn nun in der Zeit was zu essen haben. Aber was nicht kam, war der Zusammenschluß KPD/SPD. Und die Nationalsozialistische Partei, die stand oben an ...

Da haben wir denn auch gesehen oder gehört: da und da machen sie Haussuchung, da und da haben sie die Leute rausgeholt. Da sind wir auch gelaufen durch die Straßen und haben geguckt: das wird doch nicht wahr sein?! Und doch ist es geschehen. Und dann durfte man sich auch nicht sehen lassen, sonst wär man gleich noch der Nächste gewesen. Neugierige wurden ja zerstreut, es sollte ja nicht in die Öffentlichkeit, wenigstens nicht im Moment. Meistens wars denn auch so um 2, 3 Uhr, um die Zeit rum, am Morgen. Und dann ham sie ja nich et Licht angemacht, sondern mit Taschenlampen sind die rein ...

Aber das hat man einfach nicht geglaubt. Ich selbst auch nicht. Ich selbst auch nicht ... Mein Mann, der hat das auch aufge-

zeigt. Da sag ich: »Hermann, was du immer hast!« Also, wir warn am Sorgen, wir warn am Aufbauen, ja? Jetzt kam Geld ein, wir konnten etwas planen, wir konnten hier etwas kaufen, wir konnten da anschaffen, wir konnten auch mal ne Reise machen. Wir sind ja meistens nach Haus gefahren, nach Ostpreußen, mit »Kraft durch Freude«. Natürlich war man zufrieden.
Mein Mann, der hat gesagt, daß das nicht so bleibt: »Das dicke Ende kommt. Und wenn es zum Krieg kommt, was ham wir davon. Wie wird es uns gehen?« Da hat er dann mal solche Flugblätter gebracht, da wurden ja auch Schriften verteilt von der Kommunistischen Partei, na, ich hab die denn auch gelesen, hab ich gesagt: »Hör mal zu. Also das ist ja nun – das ist ja nun gelogen! Sowat gibt es ja nicht! Das ist ja Wahnsinn, was die schreiben.« Da stand drauf, daß man die Menschen in Konzentrationslager hat, daß mit Gas, ja, und mit Blaukreuz und Gelbkreuz, was weiß ich heute noch alles, und wie se gefoltert wurden, und wie der Angriffskrieg vorbereitet wurde und ... ja. »Was soll die Hetze?!« Wir haben uns gezankt, da drüber. »Sowas kann es nicht geben, das ist Unsinn, das ist nur ne Verhetzung!« Bis ich selber mal gesehen hab, wie sie welche ausm Haus geholt ham. Wo ich genau wußte: sind ehrliche und anständige und brave Leute, wie jeder andre auch. Nur weil se Kommunisten warn. Und wie man nachher natürlich die Juden rausgeholt hat, die hier den Judenstern trugen, irgendwie hat mich das gequält. Man hat die jungen Menschen aufwachsen sehen, und dann liefen sie damit rum, und keiner sprach mit ihnen. Es war so bedrückend! Beschämend, direkt. Wir haben unter uns auch gesprochen, vom menschlichen Standpunkt aus gesehen war uns das allen unerklärlich. Man war fassungslos. Na, es kam noch viel schlimmer. Wie ich denn mal nachher, im Krieg, da gabs ja auch noch diese Blätter, diese Informationsblätter, da hab ich gedacht: »Mein Gott, solln die doch recht haben? Gibt es sowas?« Dann hatten wir schon n Volksempfänger. Und schwarz hören durfte man ja auch nicht. Den hatten se rausgeholt wegen Schwarzhören, und den hatten se rausgeholt. Denn hat man sich auch nicht gewagt. Die Männer wollten wir ganz davon frei halten, dann ham wir Frauen, die Nachbarin und ich, ham uns zwei Dek-

ken genommen, denn ham wir uns am Apparat gesetzt und ham gekurbelt. Ja, natürlich warn wir denn schockiert. Da war ja schon der Krieg. Da ham wir gedacht: sowas kann n Mensch, sowas können wir doch nicht tun! Nein, das kann nicht wahr sein! Auch Lüge! Dann kam mal n sehr guter Bekannter von meine Nachbarin in Urlaub, und der hat wörtlich erzählt, wie man die Juden, Männer, Frauen, Kinder, in Lastwagen packt und in verminte Felder reinjagt. Die Lastfahrer springen ab und die Fahrzeuge, die fahren in die Minenfelder rein. Da ham wir 8 Tage kein Auge zugemacht und ham gedacht: nein... Aber der hats doch gesagt! Dann stimmt das doch. – Man hat Tag und Nacht nicht mehr geschlafen.

Naja, und mit den Bombenterror, das haben wir ja nachher selber miterlebt. Da war ja nu jeder heilfroh, wenn er nachm Bombenangriff noch am Leben war. Anfangs sind wir in Keller gegangen, und dann natürlich in Bunker. Da hatt ich ja schon – nach 10 Jahren kriegt ich denn unsre zwei Mädchen, erst 40 eine, denn noch mal 42 eine, gerade im Krieg! Mein Mann war nicht eingezogen, er war auch Teilinvalide, der hatte n Nervendurchschlag, ne Abbau-Hammer-Krankheit. Da haben wir eine schwere Zeit gehabt. Es war eben, wie vieles im Leben, was man nicht ausm Weg gehen kann. Und mein Mann, der lag im Krankenhaus wegen dieser Abbauhammerkrankheit. Undn halb Jahr danach war er ausgesteuert und kriegte kein Krankengeld, nichts, gar nichts, entweder war er gezwungen, die Arbeit aufzunehmen, mittlerweile hatten wir n Rentenantrag gestellt auf – Unfall. Unfallentschädigung. Ich war manchmal so verzweifelt, daß ich gedacht hab, es geht nicht mehr weiter. Dann hat mein Mann im Dezember wieder die Arbeit aufgenommen, kurz vor Weihnachten. Und zu Weihnachten, der Restlohn, da kriegte ich 7 Mark 50, werd ich nie vergessen: Sieben Mark und fünfzig Pfennig. Und seine Kameradschaft, bei denen er gearbeitet hat, die hatten zur damaligen Zeit, und das war ja grade Kriegszeit, Anfang des Krieges, da wurde ja gut verdient, es mußte ja Kohle kommen und alles, die haben damals 230 und 270 Mark verdient. Ich kriegte 7 Mark 50. Na ja. Was sollte ich denn nu sagen, wie er das brachte, er konnte ja nichts dazu.

Es war vor Heilig Abend, dann hab ich die Kinder die Hemdchen gewaschen, was noch da war, damit das denn sauber und trocken war. Ich hoch in Umständen. Mein Mann hatt dem einen Jungen die Haare schon geschnitten, der andere, der war halbgeschoren. Auf einmal kam der Postbote, das war morgens nun schon, 10 Uhr sowas, ja? »Ich hab Ihnen was gebracht, ich bringe Ihnen Geld!« Ich sage: »Machen Sie doch keinen Unsinn.« Ich hatte mittlerweile immer wieder um Vorschuß geschrieben, wir mußten doch leben. Und da brachte er mir 120 Mark. Ja, da haben wir alles liegen und stehen lassen. Ich hatte ein paar Sachen angezahlt, mittlerweile hatte ich ja auch keine Kinderwäsche und nichts da. Da hat mein Mann die Kindersachen abgeholt, ich bin dann schnell in Vorort gelaufen und hab die Kinder noch was zu Weihnachten gekauft, Kleinigkeiten, was notwendig war. Und das dollste war, da sind währenddessen von seiner Kameradschaft Kumpel gekommen, der eine hatte ein groß Paket mit Lebensmittel gebracht, da war alles drin: zum Backen, für die Kinder Nüsse, Äpfel – also alles, was fehlte, ja? Der andere war gekommen und hatte ne Kiste gebracht mit n großes fettes Kaninchen, schwarzweiß gescheckt, das lief hier in der Küche rum, wie wir kamen. Ich kann Ihnen nur sagen: so ein Weihnachtsfest haben wir nie wieder gefeiert! So dankbar ... Schon allein durch seine Arbeitskollegen, ja? Du warst nicht vergessen, du warst nicht verlassen, alle wußten, wie schwer es war, nich?
Und dann der Krieg, wir waren ja immer oben, bis es Alarm gab. Ja, dann ham wir das Kind in Decken gepackt, die eine, die ganz winzige, die hatt ich ja denn im Wagen. Der eine Junge hat das Mädchen gekriegt, und der andre mußte denn natürlich an Wagen anfassen, daß wir in Keller kamen. Da gings ja immer noch, bis nachher die schweren Angriffe kamen, da war der Bunker denn auch fertig, da sind wir in Bunker gegangen. Aber Nacht für Nacht, kann man da bald sagen, 1½ Jahr lang. Nacht für Nacht. Da haste auch manchmal gedacht, dat letzte Stündlein is gekommen. Nee, schön war was andres. Und doch: wenns dann vorüber war, eigentümlicherweise, dann hat man sich trotzdem gefreut, und man hat wieder weitergearbeitet – und

wieder von dem Scherbenzeug weggemacht, wieder Ordnung geschaffen, und es gab ja eigentlich gar nichts mehr zu ordnen, denn was de hier noch geordnet hast, das kam ja schon wieder in die nächste Welle, war et ja schon wieder zu Bruch. Tja, nu sagen Sie mir mal, was der Mensch is? Er ging arbeiten, und er hat gekocht, der Mensch, und hat trotzdem die Kinder versorgt. Man wurde nicht irrsinnig. Man hat doch einfach gar nicht mehr gedacht. Kann doch nicht. Höchstens: es wird zu Ende sein. Und es war noch lange kein Ende. Wie lang soll das noch gehn, wie oft ham wir gesagt: »Lieber trocken Brot essen, aber endlich einmal aufhörn, endlich einmal zu Ende sein! Daß Ruhe ist. Daß jeder wieder dahin gehört, im Haus, wo er zu Hause ist. Daß die Familien wieder zusammen sind!« Und wie schnell ham wir et vergessen, wie schnell. Bei uns, wir haben immer versucht, die Dinge, na, wie soll ich Ihnen sagen: es wird nicht immer so sein, es muß ja mal anders werden! Man hat nicht so dahingeschlummert. Man hat sich auch mit politischen Fragen unterhalten. Wenns auch mal wieder daneben ging: ach, so kann et nich sein, so kann et nich gehn, nee, du hast unrecht! Aber: nachher mußte man doch sagen, wenn die Zeit dann immer weiter ging: Mensch, der hat doch Recht gehabt, aber das gibste nich zu! Aber so allmählich – konntste es denn. Und am schlimmsten, wenn die Jungen so in dem Alter sind, daß sie in Krieg ziehn müssen. Dann kommt erst die Besinnung. Da könnt man sich vorn Kopf knallen! Und ich hätte immer schrein mögen und nur sagen: Hermann, du hast Recht gehabt! Aber was jetzt? Ich wollts ja nicht sehn. Ich wollts ja nicht glauben. Und wie mein Junge 17 war, mußte er auch gehen. Kinder ... Man kann sagen: wider bessres Wissen. Ich wollte ihm nicht recht geben – und mußt es doch erkenn, bis ins letzte: jawohl, so ist et. Und heute? Jetzt sagen Sie mir mal n Ausweg. Es passiert nichts.

45 warn wir evakuiert, wir warn in Aschersleben, da warn wir bis 45 im Dezember. Ein Mädchen war ja gestorben, das war nur 5 Monate geworden. Mein Mann und die drei Kinder. Der Junge wurde eingezogen, der 17jährige, und dann ist der aber auch nachher im Juni entlassen worden von den Amerikanern, der war noch in Gefangenschaft geraten. Und dann sind wir dann wieder zurück. Ja, unsre Wohnung war besetzt,

war jemand anders drin. Der Engländer war hier, der alles bestimmt hat. Dann ham die Nachbarn uns aufgenommen. Wir sind natürlich alle Wege gelaufen, daß ich meine Wohnung wiederkriegte. Das war auch son furchtbares Drama. Die wollten nicht raus und hatten auch keine Wohnung, warn auch Bergleute. Und so schöpft man denn natürlich alle Möglichkeiten aus. Mittlerweile war der zweite Sohn auch 14, 15, und sie konnten beide natürlich aufn Schacht gehn, obwohl der Älteste Stahlbauschlosserei gelernt hatte, aber die Lehre durch den Einzug nicht beendet. Dann sind sie beide zum Schacht gegangen, und mein Mann auch. Erstensmal gabs ja das Essen, gute Ernährung ist zu viel gesagt, aber es war etwas zum Essen da. Und später gabs die Care-Pakete – da ham damals auch die Kommunisten gesagt: »Das wern wir alles noch mal bezahln müssen.« Und is ja auch Wahrheit gewordn. Sie sehn ja, wo wir heute sind.
Dann hab ich auch meine Wohnung wiedergekriegt. Tag für Tag bin ich gelaufen. Erstmal zur Zeche, die konnte nichts machen. Dann bin ich zum Wohnungsamt, da hat man mich von einem Tag auf n andern verschoben, von einer Woche auf de andre – da hab ich 7 Wochen bei Leuten gewohnt. Die Kinder schliefen woanders, wir gingen hier in ein Zimmer bei uns rüber schlafen, wo die Möbel zusammengestellt warn, und die Kleine, die schlief denn bei de Nachbarn. Also, auf drei Familien sozusagen verteilt. Und dann war ich wieder aufn Wohnungsamt, da ham die immer gesagt, es wäre keine Möglichkeit. Hab ich gesagt: »Gut. Wenn Sie mir nicht helfen können, dann bin ich gezwungen, an die englische Kommandantur zu gehen.« »Das werden Sie nicht tun!« Ich sag: »Doch, das werde ich, und sofort von hier aus fahr ich hin.« Das hab ich auch gemacht. Hat der n Dolmetscher kommen lassen, und da hab ich ihm denn nun den Hergang erzählt, daß die 3 Mann aufn Schacht arbeiten, und so ging es bei uns nun. Und Bergleute warn gesucht. Jeder wehrt sich seiner Haut, nich? Dann sagt er zu mir, der Dolmetscher, ich sollte meinen Mann bestelln, für übernächsten Tag. Und dann kriegte der Wohnungsinhaber, der meine Wohnung belegt hatte, der kriegte auch ne Einladung, der mußte auch dahin. Und da hat sich herausgestellt: die hatten nur ein Kind, und wir hatten eben

3, und 3 Mann warn am Arbeiten, und der mußte meine Wohnung räumen, und ich konnt die natürlich ham. Aber unsre warn nicht imstande, mir die Wohnung zu geben, die deutsche Behörde. Und ich hätt sie nicht bekommen, wenn ich nicht da hingegangen wär. Ich hab gedacht: gehst doch hin, ist doch egal! Für de Familie gehste. Die andern, die ham ne andre Wohnung bekomm. Gar nich weit, die Nebentür. Erst warn wir uns spinnefeind, weil ich nun doch meinen Kopf durchgesetzt hatte. Ich habe gedacht: »Hier hab ich gelebt, hier drin, und hier will ich auch wieder rein.« Ich habs auch gekriegt. Naja, nachher sind wir wieder gut Freund geworden.
Naja, denn ham wir ja erstmal geschwarzhandelt. Das letzte Hemd wurde versilbert, was de noch nie angehabt hast, haste immer geschont, Kleid haste geschont, gutes Nachthemd haste geschont. Dann biste über Land gefahrn, bin ich morgens, halb drei, zu Fuß bis zum nächsten Hauptbahnhof, wo n Zug fuhr, gebibbert und geweint unterwegs, weit und breit keine Menschenseele, alles duster, Löcher, hingefallen, aufgestanden, weitergelaufen, haste hier 4 Kartoffeln gekriegt, für ne Pulle Schnaps, n halbes Schwarzbrot für ne Pulle Schnaps. Und manchmal hat man auch mehr Glück gehabt. Denn hab ich aufn Rücken n Sack, n Rucksack, mit Kartoffeln gehabt, und in ne Hand auch noch mal an jede Seite was, daß ich bald nicht mehr weiterkonnte. Mein Mann, der war gar nicht fähig für sowas. Der konnte das nicht. Bis Hannover bin ich gefahrn.
Dann ham wir die Marken, nicht gefälscht, will ich nicht sagen, aber in Hannover gabs andres, gabs auf unsre Marken, auf en andern Abschnitt, gab es Brot. Und derjenige, der nun meinte, daß er das schaffen würde, der ist gefahren. Das war ich und hier noch ne Frau, ne Apostolin. Alles zusammen, ob evangelisch, katholisch, apostolisch, Kommunist und Sozialdemokrat und Christ, das war ganz wurscht. Wenn sich nun jemand bereit fand, der machte die Tour. Das war ja auch schwierig, dann wurden die Karten genommen – sounsoviel Brote konnt ich kriegen. Ich hatte ja nicht nur für eine Familie, ich hatte mitunter für 8 Familien die Marken! Dann sind wir von einem Bäcker zum andern gegangen und ham die Marken umgetauscht und kriegten wieder von Hannover die

Marken, die wir hier gebrauchen konnten. Ich hatte mitunter für 48 Brote Marken! Die hätt ich gar nicht tragen können. Und dann im Viehwagen gefahrn. Reingeregnet. Stundenlang, wat sag ich, den ganzen Tag biste gefahrn, bis in de Nacht hinein. Und keine Schuhe an de Füße, die hatten doch alle Löcher, und dann im Winter. Nee – verheerend. Dann hab ich sogar Spanferkel eingetauscht. Mein Gott, dann sind wir mit det Spanferkel, abends, der eine Junge und ich, ham wir in Sack gepackt, durfteste doch auch nich, ham wir n Stall aufgebaut, großgezogen, zum Schlachten wars noch nicht, hat vielleicht so 95 Pfund gehabt, war noch kein Zentner. Hab ich zu mein Mann gesagt: »Du, das wird geschlachtet.« Da mußten wir doch erst ne Genehmigung haben und was nicht alles. »Kannst doch nicht schlachten!« Ich sag: »Das wird geschlachtet! Ausgeschlachtet sinds immerhin 60 Pfund. Dat könn wir machen.« »Ja, wie willste dat denn machen?« »Och«, sag ich, »laß man. Schlag du es mal dot. Dann hol ich den Tierarzt rauf und sag: wir mußten notschlachten.« Das hab ich dann auch gemacht. Der wollte erst nicht, wollt es mir berechnen für 25, nein für 30 Kilo, ausgeschlachtet. Ich sag: »Sie vertun sich! Das hat ja noch keine 15 Kilo!« »Nee, Frau!« sagt er. »Das kann ich nu doch nicht!« Ich sag: »Aber es is doch ne Notschlachtung!« Mußt ich doch sonst meine Karten wieder abgeben, war ja noch Kartensystem. Ich sag: »Mein Gott, ist doch gleich Weihnachten, dauert doch gar nicht mehr lange...« Na, er hats mir denn für 15 Kilo berechnet. Jetzt hab ich Wurst gemacht. Kaninchen hatten wir auch noch. Jetzt hab ich Wurst gemacht... Fleisch hatten wir – und die drei Care-Pakete kriegten wir! Jetzt hab ich eingeteilt: etwas war für meine Familie, für Mutter, für Geschwister, jedem n Häppchen. Die Nachbarn, jedem n Häppchen, und n Kännchen mit Wurstbrühe. Und da hatten wir hier den Ofen stehen, und da standen mein Mann und die zwei Jungens, alle in ner Reihe, und die Care-Pakete standen doch auch da, und von jedem wollt ich doch immer was nehmen. Und da schrie der eine: »Das is meins!« Und der andre auch: »Das ist aber mein Paket!« Und weil ich jetzt alles hatte, Fleisch, Kaffee, Butter, Rosinen, alles, Zigaretten, alles, und wollte den andern nu auch n klein bißchen geben, und jeder schrie: »Dat is mein!«

und keiner wollte was abgeben – das is mir so an de Nieren gegangen, ich konnte einfach nicht mehr! Ich konnte dat nich aufkriegen, daß meine zwei Jungens und mein Mann das nun nich sehen konnten, wenn ich nu jedem ... Und allen konnt ich sowieso nich helfen. Es ging einfach nicht rein. Jetzt hatt ich alles, und jetzt war Unfrieden. Da hab ich abgebaut. Da hab ich bloß noch geschrien: »Hätt ich mein Stückchen trocken Brot, hätt ich doch nur mein Stückchen trocken Brot!«
Und 1948, die Währungsreform – naja, da mußten wir erstmal unser Geld zusammensuchen, was wir noch hatten, damit wir erstmal was einzahlen konnten und das andere kriegten. Ich hatte nie Geld zuviel, ich mußte sogar noch n Viertelpfund Butter verkaufen, damit ich überhaupt an die Grenze rankam. Da wurde ja immer alles verscheuert und schwarz gekauft, also konnte ja kein Geld bleiben. Und da war ja auf einmal alles da – und da hatten wir wieder kein Geld. Da fehlte ja nun alles, da fehlte Geschirr, da fehlte Bettwäsche, da fehlte einfach alles. Denn das, was man noch gehabt hat, das hat man denn doch umgesetzt, beim Schwarzhandel, und nachher war einfach nichts mehr da.
Und dann kam es auch noch so, daß wir für unsere turnusmäßigen Geldtage nicht mal ausgezahlt kriegen sollten, sondern daß sich das mittlerweile einmal verschoben hatte, so um 5 Tage, und jeder war doch drauf angewiesen. Will mal sagen, wenn 12 Tage vorüber waren, daß das Geld dann kam. Na, und dann sind wir mal, wie war das doch? Ja, da hieß es dann also, wir kriegten es fünf Tage später, und ich bin dann auch zum Einkaufen gegangen, und die eine oder der andere erzählte das dann von den Frauen. »Haben Sie das schon gehört? Das gibts doch gar nicht! Jeder kleine Krauter zahlt das Geld aus, und so ne große Gesellschaft soll den Lohntag nicht auszahlen können, das wär ja lächerlich, ne?« Haben wir Rabatz gemacht. S erstemal sind wir hingegangen, so mit 28 Frauen am Schacht. Da hat uns denn der Betriebsrat und die Beamten, die da nun zuständig waren, wollten uns dann beruhigen, und die haben gesagt, jetzt wäre nichts zu machen, die maßgebende Person wär nicht da, und sie könnten das mit uns nicht verhandeln, wir sollten um 2 Uhr kommen. Dann haben wir gesagt: »Gut, machen wir, gehen wir nach Hause.«

Unterwegs haben wir uns überlegt und gesagt, ja das war doch bloß ne Finte, die wollen mit uns nicht verhandeln, die geben uns kein Geld, und da hatten wir abgemacht: »Wir gehen um 1 Uhr, so daß, wenn Schichtwechsel ist, die Mittagsschicht hingeht und die Frühschicht rauskommt, daß wir dann mit hineinkommen, sonst kommen wir ja nicht aufs Gelände.« Und da hab ich gedacht: ach, was willst du denn da gehen! Hast drei Mann am Arbeiten, eigentlich gar nicht nötig, ne? Und das muß Gedankenübertragung gewesen sein, kam ne sehr gute Bekannte, sagt sie: »Hör mal, du kommst doch?« Und da hab ich mich so geschämt, glauben Sie, weil ... innerlich wollt ich ja nicht mitgehen, und da hab ich gedacht: nee, da gehste aber doch, das kannste nich machen! Mittlerweile war das auch wie n Lauffeuer gegangen, und wie wir denn aufm Platz kamen, da warn wir nich mehr 28, da warn wir weit in die 80. Da hab ich mich innerlich gefreut, da hab ich gedacht: siehste, is nich dein Problem alleine! Erst wollten sie uns nicht reinlassen. Da gabs doch damals immer noch diese Marken, die Sondermarken für Spirituosen, Kaffee und sowas, ja, dann wurden natürlich alle Frauen nur reingelassen, die diesen Schein vorweisen konnten. Ich war als 5. oder 6., und ich hatte natürlich keinen, bei uns war natürlich wieder alles leer. Na klar, mit 3 Mann. Und hinter mir war eine, eine Frau, also die war SPD, wußt ich ganz genau, und die hat mirn Schubs gegeben, und da war ich mittendrin durch das Tor, ja? Und von der andern Seite haben die Kumpel das gesehen, die kamen und haben das Tor losgemacht. Du liebe Zeit, da hab ich gedacht: was jetzt? Ja, jetzt mußten wir doch sagen, was wir wollten, warum wir hier sind! Meine Söhne hatten Mittagsschicht, und wie gesagt, man ist ja hier so bekannt, wenn man jahrelang wohnt. Und wie ich dann nun gesprochen habe, ich hab unser Anliegen vorgebracht, so gut ich konnte – ich weiß auch nicht, wo ichs hergenommen habe, aber auf einmal wars da. Und dann hat mein Junge dahinten in der Menge gestanden, und dann hat ihm einer angestoßen und gesagt: »Du, die Olle is in Ordnung!« Ich hatte unter anderm nämlich gesagt: »Wir haben nen Betriebsrat, und wenn der nicht fähig ist, diesen Posten auszufüllen, dann gibt es noch Frauen, die auch gerne arbeiten möchten, dann soll er den Platz freimachen, und dann wird ne Frau den vertreten. Ich glaube, daß dann manches anders wäre.« Also, etwa in dieser Form. Und der hat ihm angestoßen: »Du, die Olle is in Ordnung!« Na, mein Sohn hat sich geschämt, hat aber nicht gesagt, daß es seine Mutter ist.

Du liebe Zeit, da hab ich gedacht: was jetzt? Ja, jetzt mußten wir doch sagen, was wir wollten! Ja, und in meiner Aufregung war ich nachher dermaßen durch, daß ich mir immer wieder gesagt hab: Mensch, haste auch nichts Verkehrtes gesagt, haste auch nicht irgend etwas Anstößiges so, wissen Sie, in so nem groben Ton gesagt, ja? Dann hab ich eine Bekannte gefragt: »Ich weiß gar nicht, wie ich da auf den Tisch raufgekommen bin!« Da sagt sie zu mir: »Das eine kann ich Ihnen sagen, wenn ich hätt stenographieren können, das hätt ich alles mit zu Papier gebracht!« »Nu sagen Sie mal, hab ich auch nichts Unnötiges, ich meine, was nich hingehört, hab ich das nicht oben gesagt, oder Beamten beleidigt oder so was?« »Nein«, sagt sie, »ganz bestimmt nicht. Also ich hab mich nur gewundert: wo haben Sie das hergenommen?« »Ja«, ich sag: »das weiß ich selber nicht. Das erfordert eben die Lage, in der wir uns befinden«, ich sag: »nicht ich allein, sondern wir alle! Ja? Das ist doch nicht für mich, das ist doch für uns alle.« Ja, sagt sie: »Und das nächste Mal, wenn sowas ist, aber dann gehen noch mehr mit!« Aber wo sind sie geblieben, nachher? Wies notwendig war, noch notwendiger war!

Mein Mann hat immer noch gearbeitet, unter Tage, am Bremsberg, natürlich leichte Arbeit. Dann konnte er es nicht mehr, jetzt fing die linke Hand an, gingen auch die Muskel weg, und dann hat er immer über furchtbare Kopfschmerzen geklagt, ist zum Arzt gegangen, er war nicht arbeitsunfähig, und er konnt es vor Kopfschmerzen nicht aushalten. Es wurde anstatt besser immer schlechter. Und da hab ich gesagt: »Laß dir ne Überweisung geben zur oberärztlichen Untersuchung.« Und da wollte der Knappschaftsarzt nicht dran. Und dann haben die auf den Brief draufgeschrieben: »Herz, Lunge, Leber ohne Befund. Bei dem Versicherten läßt sich keine Arbeitsunfähigkeit feststellen.« Dann ist der 2 Tage nicht arbeiten gegangen, den 3. Tag wollt er gehn. Da hab ich gesagt: »Hermann, bleib

zu Hause.« Da sagt er: »Ich muß gehn, Mieze, die schmeißen mich raus.« Na ja, er ist an Schacht gegangen, unterwegs kriegt er am ganzen Körper son Hautekzem, das is son Nervenausschlag. Da drauf hat er erst den Krankenschein gekriegt. Jetzt wurden die Schmerzen immer schlimmer, und um Ostern rum war ich denn beim andern Arzt, weil der die Vertretung hatte, der sagt zu mir: »Und der Mann ist noch nicht in stationäre Behandlung?« Da haben die ne Überweisung nach Bottrop verlangt, zum Knappschaftskrankenhaus. Und die haben wir dann nach 10 Tagen bekommen. »Ihr Mann hat nix.« Dann ist er hingefahren, jetzt war kein Bett frei für ihn, und er war auch nicht angemeldet. Mußt er wieder zurückkommen. Dann hat er 8 Tage später wieder n Bescheid gekriegt, er könnt hinkommen. Da konnt er nicht mehr alleine hinfahren. Da mußt ich ihn schon hinbringen. Nu hab ich gesessen bis Nachmittag um 4 Uhr, und dann haben sie mir gesagt, daß alles zu spät ist...
Ich war aber nachher zu müde, zu müde war ich. Ich wollt n Prozeß anstrengen. Ich konnte nicht mehr.
Ich hab alle Tag ne Flasche Kognak ausgetrunken. Mögen Se glauben. So weit war ich. Bis Erika mal kam, die hat mich so gefunden. Da hat die so gottsjämmerlich geweint. Und das hat mich dann hochgerissen. Hab ich gedacht: nein, so gehts nicht. Wenn Vatter das sehen würde, der würde sagen: das ist nicht recht, was du machst. Und dann bin ich durch die Stadt gelaufen, bis zu meine Schwester gelaufen. Hat alles nix genutzt. Dann bin ich ein Tag am Arbeitsamt vorbeigekommen, na, hab ich gedacht: da gehste mal rein, irgendwas mußte tun. Ich rein, hab nach Arbeit gefragt. Mein Leben noch nicht gearbeitet, außer mein Haushalt. Ja, also: als was. Ich sag: »Das ist mir vollkommen egal.« Bestrebt war ich natürlich, am Schacht anzukommen, ja? Weil mich das gewurmt hat, wie man mit mein Mann verfahren hat, also das war eigentlich mein innerster Drang, aufm Schacht beschäftigt sein. Und ich hatte Glück. Ich kam in eine Fürsorgestelle, Werksfürsorge. Die ersten 3 Monate wars schrecklich, alles ungewohnt, und einen Tag hier, einen Tag da, die Familie, die Familie, ja? Aber dann hab ich gesehen, wie notwendig das ist. Ich hab so viel Armut, so viel Kummer, so viel Zerwürfnisse... und

überall haste versucht zu helfen. Und das hat mir irgendwie wohlgetan, nich? Und wenn ich dann Familien hatte, wo so 5 Kinder waren, 7 Kinder, das waren eigentlich meine schönsten, bis heute noch. Wenn ich heute so durchkomme durch die Straßen, wo ich denn gearbeitet hab bei Familien, rufen die Kinder heute schon von weitem: »Tante, Tante! Kennst du mich noch?« Überall sollste noch mal hinkommen.
Das hab ich allerdings nur 3 1/2 Jahre gemacht. Dann hat sich ne Gelegenheit geboten, direkt im Heim zu arbeiten, ja, im Ledigenheim. Und da bin ich denn auch eingestiegen, weil ich ja nun meine 5 Jahre voll arbeiten wollte und das der Beitrag nachher zu meiner Altersrente ist. Und ich komm mit vielen Menschen zusammen und nicht nur mit Deutschen. Man muß manchmal staunen, wie unsre Gastarbeiter ein größeres politisches Bewußtsein haben, da legt man die Ohren an. Ich will Ihnen nur mal sagen mit dem Vietnam-Krieg, da war eine Zeit, wo dat so auf den Höhepunkt zuging, da hab ich auch gehört, daß sich Koreaner, vor allen Dingen Koreaner, verpflichten konnten in den Vietnam-Krieg. Gute Bezahlung war ihnen gesichert. Die wurden hier aufgefordert durch die Botschaft. Wer seinen Vertrag erfüllt hatte, der konnte ja denn nach Hause, und da wurde ihnen das Angebot gemacht: sie brauchten nicht nach Hause fahren, wenn sie sich verpflichten würden fürn Vietnam-Krieg. In Korea haben sie wenig Arbeit, die Verdienstmöglichkeiten sind – wie überall. Natürlich haben sie die Lebensweise billiger wie hier. Wiederum, technisch gesehen, Radio und Fernsehen und all diese Dinge, die sind dort unerschwinglich. Das sagen sie klipp und klar. Sie haben sich das hier auch gekauft, und bedenken gar nicht, daß der Transport zurück ... Sie müssen Zoll zahlen, und entweder müssen sie per Schiff, im Flugzeug können sie ja nicht, da dürfen sie nur soundsoviel Gepäck mitnehmen. Sie machen sich auch Illusionen. Ich weiß von etlichen, die hatten es vor, sich zu melden. Oft Familienväter, die sind ja alle sehr früh geheiratet, und dann hat man auch gesagt: 1000 Mark im Monat, freie Station. Und das hab ich auch zu ihm gesagt: »Ja, wie stellen Sie sich das vor?« »Ein Jahr und 12000 Mark, das ist viel Geld ...« Und ist das gespart, könnten sie nach Hause kommen und könnten sich Land kaufen oder n Häus-

chen oder was sie nun gern haben möchten. Ich sag: »Wer garantiert denn, daß Sie zurückkommen? Wenn Sie jetzt n halbes Jahr da sind und auf einmal – weg! Ja, was dann? Dann hat Ihre Mutter keinen Sohn, und Ihre Frau hat keinen Mann und Ihre Kinder keinen Vatter.« Ich sag: »Wie stellen Sie sich das vor? Für fremde Interessen? Wenns in Ihrem eigenen Land um Dinge ginge, dann könnt ich das direkt verstehen. Aber in ein fremdes Land? Für Amerikaner, für amerikanische Interessen?« Ich sag: »Nein!« Ist er nicht gegangen ... Mitunter sage ich dann: »Alle meine Jungens. Alle meine Kinder!« Dann tröste ich sie schon mal.
Und jetzt die Krise, hie und da, wo die Heime geschlossen wurden, sind auch Frauen schon entlassen. Unser Oberboß der hat mit mir gesprochen, da hab ich ihm gesagt: »Hören Sie mal zu, Herr W. Erst hat man die Frauen alle ins Arbeitsverhältnis gebracht, man ist drauf angewiesen in der Wirtschaft, Frauenarbeit, egal in welcher Branche. Und heute«, sag ich, »und heute wo man sie nicht mehr nötig hat, da schmeißt man sie wieder raus auf die Straße.« »Ich kann nicht versprechen«, sagt er, »daß Sie noch dableiben. Oder ob Sie gekündigt werden.« »Das täte mir leid«, sag ich, »ich arbeite gerne und außerdem, ich brauche die Arbeit, ich kann nicht ohne sein, fällt mir die Decke auf den Kopf. Sie wissen genau, was ich alles durchgemacht habe in den letzten Jahren.« Aber dann habe ich zu ihm gesagt: »Herr W. Eins möchte ich voranstellen – ich habe so viel, ich meine, ich habe nicht zuviel, daß ich, ich kann leben von meiner Rente«, sag ich. »Ich weiß, daß wir Arbeitskolleginnen haben, die auf den Verdienst angewiesen sind, die keine Rente im Rücken haben. Ich möchte auf keinen Fall, daß jemand entlassen wird, der nichts im Rücken hat.«

## Rolf S.
## Beat-Sänger

Ich bin 21 Jahre und von Beruf Elektriker. Den Beruf übe ich aber lange nicht mehr aus. Ich war zu der Zeit – also, ich wollte mal freiwillig gehn zur Bundeswehr, da war ich auf der Zeche gewesen. Tja, und da hab ich da hingeschrieben, ich wollte mich da freiwillig melden, zur Kriegsmarine war das, aber man hat mir dann geschrieben, ja, also: keine Bergleute, nicht. Wenn ich ein halbes Jahr woanders beschäftigt wäre, dann könnte ich sofort zur Bundeswehr kommen. Tja, und dann später habe ich mir das überlegt, und dann haben sie mir praktisch die Freude genommen, und dann hab ich gedacht: nee, jetzt gehst du nicht mehr freiwillig, jetzt wartest du eben, bis ich gemustert werde und werde dann wohl auch irgendwie mal eingezogen. Vielleicht haben die mich vergessen, das wäre natürlich ganz toll.

Also, bei meiner letzten Arbeitsstelle war ich Gerüstbauer. Da war ich 3 Jahre. Ich war so weit, daß ich bald den Vorarbeiter gemacht hätte, beziehungsweise man sagte mir: »Mach so weiter«, undsoweiter. Aber dann hat sich das so ergeben, einen Tag mußte ich zum Verwalter rein, ich dachte, ich bekomm mehr Geld und so, man hat sich schon gefreut, und dann sagte der: »So, mein lieber Freund, jetzt ist es schlechter geworden mit der Arbeit, wir müssen dich entlassen.« Nicht nur mich, sondern noch 3 Kollegen von mir, jüngere Leute vor allen Dingen. Die älteren haben sie natürlich behalten, weil die ja älter sind und Kinder haben undsoweiter. Ja, das war genau auf nem Freitag, und am Montag war ich dann arbeitslos.

Ich bin der Jüngste zu Hause, meine Schwester hat vor kurzem geheiratet, mein Bruder ist 38 und meine Schwester 26, und so geht es immer weiter, ich habe 8 Geschwister. Jedenfalls sind alle verheiratet. Mein Vater war Sprengmeister, früher, und ist jetzt, seit 1952, Rentner sozusagen, bekommt aber eine ganz dufte Rente. Aber ich möchte meinen Eltern nicht auf der Tasche liegen, und deshalb mach ich Musik. Ich will ja in erster

Linie als Musiker Geld verdienen, daß ich zum Beispiel meiner Mutter die 45 Mark geben kann in der Woche, und daß sie nicht sagen kann – und ich muß sagen, ich bin drauf stolz, daß ich das immer bestreiten kann. Meine Mutter kam noch nie oder mein Vater und hat gesagt: »Hör mal, jetzt bist du mir soundsoviel schuldig.« Wenn ich mir was leihe oder so, dann geb ich das wieder ab. Also, ich spiele in ner Band und bin Sänger. Ich muß zusehen, daß ich immer meine Texte, innerhalb von einer Woche muß ich 2 bis 3 Texte lernen, ich finde, das ist auch irgendwie ne Arbeit. Tja, und um die zu lernen, muß man sich wirklich sozusagen auf den Hintern setzen. Ich steh um 11 Uhr auf morgens, dann prob ich bis 3 Uhr, und dann geh ich zu meinen Kollegen oder geh dann proben mit den anderen Kollegen oder mach sonstwas. Meine Mutter sieht das natürlich nicht so gerne, die möchte auch lieber, daß ich arbeite. Ich war auch oft aufm Arbeitsamt, aber die gucken mich immer nur an und sagen, sie haben nichts. Und ich seh ja nicht ein, ich meine, ich möchte gerne wieder arbeiten, aber ich will mich nicht für so eine Arbeit hergeben wie Tiefbau oder so. Das möcht ich dann ablehnen, möchte irgendetwas anderes machen, oder die sollen mir ne Stelle geben, wo ich in meinen Beruf zurückkäm, was ich mal gemacht habe. Ich bin auch noch inner Gewerkschaft, in *Bau-Steine-Erden*, und auf keinen Fall würde ich jetzt irgendwie, auf jeden Fall würde ich immer Beiträge zahlen. Ich würde nie einen Monat auslassen, denn soweit, ich mein, ich bin, das leuchtet mir ein, daß ich später mal ne Rente haben will. Nech. Also ich spar und versuch auch, in der Gewerkschaft zu bleiben. Und da kann kommen, was will, das mach ich auf jeden Fall. Ich versuch auch nicht, mein Geld, oder geb mein Geld mit Mädchen aus, ein Teil kommt weg, und einen Teil geb ich aus. Nee, das würd ich nicht machen, das ist ein bißchen primitiv, wenn man sagt: »Keine Gewerkschaft, ich will gar nichts. Ich will nur leben von der Hand in den Mund ...«
Ich mein, in den letzten Jahren haut das nicht mehr so hin mit der Politik. Wir hatten ja vorher, hat ja alles geblüht, und dann dies große Zechensterben, und dann auf einmal die Jugendlichen, die Jugendlichen werden entlassen und sind arbeitslos, und das führt ja dann auch letzten Endes, viele

Jugendliche werden kriminell. Bei mir ist das ja nun so, ich bin in einer Kapelle, da gehts, aber andere, die haben nichts anderes zu tun als den ganzen Tag zu überlegen: wo bekomm ich Geld her? Und, wie man so schön sagt: »Haun wir einer alten Oma eine auf de Glatze und nehm wir ihr die Rente weg.« Tja, man sollte sich was einfalln lassen, daß wieder Arbeit da ist und daß die Jugendlichen wieder Arbeit haben.
Übrigens ist das schon die 6. Gruppe, wo ich dabei bin, und da werde ich auch bleiben. Es ist meiner Ansicht nach auch die beste Gruppe. Ich habe immer die Gruppen gewechselt, aus dem einfachen Grunde: finanziell. Wenn der eine gesagt hat: »Hör mal, wir können hier soundsoviel Geld verdienen«, dann kam ne andre Gruppe, hat gesagt: »Rolf, komm zu uns rüber, du singst ganz dufte, und so. Aber dein Rhythmus ist miserabel. Steck doch deine Gitarre hinten in die Ecke«, undsoweiter. Und das wollte ich dann nie glauben. Naja, ich hab dann hinterher eingesehen und hab dann aufgehört zu spielen. Ich spiele aber zu Hause noch Gitarre, und die Stücke, die ich singe, die kann ich selbst begleiten. Und das sing ich dann ganz stolz vor meiner Mutter. Da gibt es Stücke, da muß Chorarbeit gemacht werden, da kommt sie in mein Zimmer und sagt: »Soll ich mal den Chor machen?« und so, nicht. Ja, und dann setzen wir uns zusammen hin, ja, und dann proben wir das. Und wenn wir das am Abend mit der ganzen Kapelle bringen, ist das ganz unwahrscheinlich dufte, so daß ich das Stück vielleicht 8 oder 9 Mal singen muß, von den Mädchen aus gesehen. Die Jungens sagen ja dann: »Naja, der singt ganz gut . . .« Die wollen das ja nie zugeben, nicht.
Ich hab mal eine ganze Anlage selbst gehabt, das haben meine Eltern alles finanziert. Ich hab vielleicht 500 Mark bezahlt, und 2 300 kostete die. Da stand ich aber noch in Arbeit und hab ganz dufte verdient. Und die haben sie mir dann sozusagen über Nacht gestohlen. Die war nicht versichert, und da hab ich dann auch keinen Pfennig für bekommen. Ja, und nun war es so: aufgeben wollte ich nicht. Hab ich gesagt: »Ich mach weiter.« Meine Eltern haben mich dann finanziell nicht mehr unterstützt, die haben gesagt: »Wir haben dir alles gegeben, ne Gitarre, ne Anlage, Mikrofon, haste alles gehabt. Deine Schuld. Jetzt machen wir nichts mehr.« Und dann hab ich so-

zusagen mich ins fertige Nest reingesetzt, hab ich immer bei Kapellen mal so gefragt: »Kann ich da mitmachen?« »Ja«, haben sie gesagt, »was hast du?« Ich hab gesagt: »Ich hab gar nichts, vielleicht ne dufte Stimme, wenn ihr die haben wollt?« Ja, dann haben sie gesagt: »Ist gut, du kannst über unsere Gesangsanlage spielen und gibst uns jeden Monat 5 Mark oder so, daß du irgendwie ne Leihgebühr dafür zahlst.« Das hat sich dann ganz dufte bewährt. Ja, und bis dann eines Tages, da las ich in der Zeitung, die Gruppe *Mastermans*, wo ich jetzt bei bin, die suchten en Sänger. Ja, ich mich da beworben, und dann haben wir ein bißchen geprobt, und die machten genau die Masche, die ich auch gemacht hab, so James Brown, Pretty sings, ein bißchen, und Spencer Davis, nicht. Und dann haben die sofort gesagt, schon beim ersten Stück: »Brauchst gar nicht mehr weiter singen, das ist dufte. Du bist bei uns.« Da mußte ich dann unterschreiben, daß ich dann auch bei denen bleibe, nicht. Ich bin immer noch da. Wir suchten dann einen Manager und haben dann auch Manager gehabt, die keine Ahnung hatten, Radiotechniker oder so etwas, die wollten sich ein paar Pfennig nebenbei verdienen, aber auf anderer Leute Kosten. Aber im Grunde genommen, die Stellen, die die besorgt haben, waren immer miserabel. Und dann haben wir einen Mann bekommen, der hat gesagt: »Hier, Leute«, ich hab dann sein Sparkassenbuch gesehen, »ich hab unwahrscheinlich viel Geld. Ihr müßt nur, ich bin der Boß, sozusagen.« Haben wir gesagt: »Ist in Ordnung, so einen Mann brauchen wir.« Tja, und dann fing es so an, hat er uns große Häuser, so wie *Hans-Sachs-Haus* und wie *Kaiser* in Herten oder in Krefeld undsoweiter, wir haben immer was zu spielen gehabt, und der hat dann Prozente, 10 Prozent bekommt der dann, nicht.

Als ich 16 war, hab ich mich das erste Mal verliebt, also, so richtig. Ich mein, in der Schule auch schon mal en Mädchen son bißchen inne Ecke reingestellt, versucht zu küssen, das hat überhaupt nicht geklappt, du dachtest denn: mein Gott, ist das blöd! und so, nicht. Aber verliebt, das war – ich ging immer in ein Tanzlokal, da wohnte ich allerdings noch nicht lange hier, und da hab ich mich dann immer hingestellt, hab mich nie hingesetzt, nicht, hab immer geguckt, rausgegangen – und da war immer ein Mädchen, die hatte unwahrscheinlich lange Haare. Die war so, lange Haare und Natur. Schön klein war se und dufte gebaut, alles hatte die praktisch. Ja, und das Mädchen – mein Gott, dachte ich: die ist töll. Und die hat dann auch immer geguckt. Jetzt war ich da aber fremd, und die Jungens, die mochten mich da überhaupt nicht. Mein Gott, die dachten alle, ich bin unnahbar, weil ich mit keinem gesprochen hab. Bin ich wieder rausgegangen. Und ein paarmal haben sie mir denn auch schon Schläge angeboten: »Wenn du nochmal kommst, denn haun wir dir die Hucke voll!« und so, nicht. Ich sagte: »Unter diesen Umständen komme ich denn eben nicht mehr, nicht.« Ich bin kein Freund von Schlägerei, ich find das blöd, da prügeln, sich primitiv da rumschlagen, nicht. Na, jedenfalls war es denn so, da hatt ich ne Bekannte, Irmi, die war auch da, und die kannte dann, übrigens Monika hieß das süße Mädchen. Und dann hab ich gesagt: »Hör mal, kannst du das nicht mal klar machen?« Und dann sagt sie: »Ja, ist in Ordnung, ich mach das klar.« Ist sie dann hingegangen zum Tisch und fragte: »Der möchte gerne mit dir gehen, der mag dich gut leiden«, undsoweiter. Und dann hab ich gesagt, die sollte doch morgen da irgendwie am Rathaus stehn undsoweiter. Und an demselben Abend hab ich denn einen Unfall gehabt, hab ich mir ein Bein gebrochen, und dann hat sich das zerschlagen ...

Meine Freundin, die jetzige Freundin, na, so lange geh ich noch nicht mit der, aber es ist schon eine ganz schöne Zeit. Um genau zu sagen: 88 Tage. Ja, das schreibe ich mir immer auf. Die ist, wie man so sagt, ein richtiger Mensch, nicht irgendeine, das ist ein dufter Typ. Manche sagen: »Mein Gott, die hat etwas dicke Beine und so.« Nicht, ich mein, keiner kann sich malen. Und ich kenn hübschere Mädchen, ich kenn so viel hübsche Mädchen, aber für mich ist das eben die Schönste. Kennengelernt hab ich die auf einer Veranstaltung, ich sah unwahrscheinlich viele Mädchen, aber immer wieder, wies der Teufel wollte, das Mädchen stand wieder da und guckte. Also, nicht so wie gewöhnliche Mädchen: ha, die Kapelle is dufte! Nur so, als wenn sie sagen wollte: mein Gott, was ist das für ein Krawallek? Als wenn sie sagen wollte: was ist das für ein Typ. Also, ich, ich schwitz immer unwahrscheinlich schnell, weil ich, naja, Show kann man nicht sagen, aber ich zieh immer dufte ab da, nicht, und dann schwitz ich, und dann geh ich nach draußen, was auch verkehrt ist, normalerweise, aber dann setz ich mich da hin und sitz da. Und wenn die Pause rum ist, guck ich auf die Uhr, dann geh ich wieder rein. Aber auf einmal stand sie auch draußen, und auf einmal sah ich, wie sie so guckte. Und also, ich mein, ein bißchen Menschenkenner bin ich bestimmt auch, aber sie hat bestimmt lange überlegt: was ist das nur fürn Mensch, ungefähr, nicht. Das hat sie mir auch später, das traf genau zu, nicht. Und ich aber auch, ebenso, ich dachte: mein Gott, was ist das fürn Mädchen, und so. Ja, und dann hab ich zu ihr gesagt, also, wir haben uns dann verabredet undsoweiter, für die nächste Stelle, wo wir da gespielt haben. Da kam sie auch hin, aber zu meiner Enttäuschung mit einem Freund. Also, was heißt Freund, sie hat zu irgendjemand gesagt: »Hör mal, den möcht ich gerne, aber ich kann nicht alleine da raufgehen. Gehst du mit?« Und der sah gut aus, der ganze Partner da, nicht. Da dacht ich: das ist doch eine blöde Gans, kommt sie da mit so einem Krawallek da rauf! Das war mir dann irgendwie, ich dachte: das kannste dir aus dem Kopf schlagen. Sind auch noch andere Mädchen da, nicht. Die guckte aber immer noch so, nicht, da guckte ich sie schon mittlerweile so böse an, als wenn ich sagen wollte: biste eigentlich doof? oder so. Hab ich mir so gedacht. Na, jedenfalls hinterher, da war ich dann son bißchen ausgelassen, nicht getrunken, aber ich war ausgelassen. Ich denke: jetzt gehste mal hin. Und ich dann son bißchen losgequatscht, ich sag: »Hallo Mylady!« sag ich, »darf ich Sie mal zum Tanz bitten?« und so, so richtig blöd so, so alles so kitschig, nicht. »Ja«, sagt sie, »Mylord«, so so ganz blöd, nicht, hat dufte mitgemacht, und das gefiel mir schon so. Und dann ist sie nicht dumm, unwahrscheinlich intelligent, nicht, und da muß man verdammt aufpassen, daß man da nicht irgendwie Blödsinn erzählt. Na, jedenfalls haben wir uns dann verabredet. Da traf ich einen Kollegen, das war ein Rhythmus-Mann, und war sie bei und er mit seiner Freundin. Und da sag ich: »Hör mal, hier mit der Helga«, Helga heißt sie übrigens, »wird es auch nicht lange gehn, vielleicht ne Woche«, sag ich. Und sie war dabei, nicht. Weil die mir so irgendwie, na, nicht reich, aber die kam mir so intelligent vor, und dann die Eltern, ich dachte: ach nee, verzichte schon drauf, nicht. Die haben nämlich zwei Wäschereien, und die Mutter ist bei der *Essener Stein und Bergbau* irgend son hohes Tier, nicht, und sie selbst ist auch Sekretärin. Da dachte ich: keine Arbeit und so. Nö, dachte ich. Da sagt sie: »Hör mal, weißt du auch, daß du mich eben ganz groß beleidigt hast?« Ich sag: »Nö, wieso?« »Gehst nur eine Woche mit mir und so. Weißt du das immer vorher schon?« sagt sie dann zu mir. Ich sag: »Nö, aber ich seh das kommen«, sag ich, »seh das voraus«, und so. Und da sagt sie: »Braucht ja nicht zu sein, das liegt ja an dir. Du hast doch einen festen Willen und so.« Ja, und dann hab ich ihr dann gesagt, daß ich sie gern behalten möchte undsoweiter undsoweiter. Und die Jungens haben alle gesagt: »Mensch du, sei froh, das ist doch noch son Mädchen, die hat noch die Unschuld«, undsoweiter, wie das so unter Jungens geht, »da kannste stolz drauf sein«, und so. Und die fragen: »Mein Gott, wie biste denn zu der Frau gekommen!« und so. Ich sag: »Man tut, was man kann!« Das sehen die ja nicht gerne. Ja, dann rief ich sie mal an zu Hause, einen Tag. Ich sag: »Schön guten Tag, S. mein Name, ich möchte gerne Helga sprechen«, und so, nicht. »In welcher Angelegenheit?« Ich sag: »Frau B., seien Sie nicht so böse«, sag ich, »das kann ich hier nicht so sagen.« Ja, bums, aufgelegt. Ah, und mein Herz schon so, ich denk: da gehst du gar nicht mehr hin, da willst du gar nichts mehr mit zu tun haben. Zweites Mal angerufen, also einen Tag später war das. Der Vater dran: »B.« Ich sag: »Guten Tag, S. mein Name«, ich sag: »Ich möchte gerne Fräulein Helga sprechen.« »Ich bin der Vater. Hör mir mal gut zu«, sagt er, »ich will dir mal was sagen!« sagt er, »ich persönlich, ich hab nichts dagegen, also wirklich, Sie dürfen da auch keine Angst haben undsoweiter. Aber ich möchte, daß meine Tochter, wenn ich sage, sie muß um 10 Uhr zu Hause sein, dann muß sie um 10 Uhr zu Hause sein«, sagt er. »Entweder ich muß dann annehmen, daß Sie einen unwahrscheinlichen Einfluß auf meine Tochter haben«, undsoweiter, undsoweiter. Ich wurd dann immer kleiner, ich meine, in der Telefonzelle. Der hat mich da zusammen – also, das hab ich noch nie gehört. Jedenfalls sagt ich: »Ja, Herr B., ist in Ordnung, Herr B.!« Das ging dann nur noch so: »Sie können sich drauf verlassen, Herr B., das mach ich, Herr B!« undsoweiter, undsoweiter.

Aber jetzt hab ich sie mal im Krankenhaus besucht, nicht. Ich wußte gar nicht, was ich sagen sollte, hier. Jedenfalls war es so: ich kam ins Krankenhaus, und ich hab die Mutter einmal schon gesehen, jedenfalls guckte die mich an: strafend, und so. Wenn ich mal ein Mädchen anguckte, die haben immer gesagt: »Guck mich nicht so an!« Aber diesmal wurde ich unsicher, bei der Mutter von ihr, nicht. Pah, ich dachte: was ist das nur für eine Frau, nicht. Aber jetzt hab ich die Tür schon aufgemacht, ich sagte schon: »Guten Tag«, und die Mutter saß da, drehte sich um, ich wollte wieder zurückgehen. Aber da denke ich: nee, Rolf, das haste nicht nötig. Vor wem läufste denn eigentlich weg? Bin ich dann hingegangen, ich sag: »Guten Tag, Frau B., guten Tag, Helga.« Und dann dachte ich: sollste ihr auch noch en Kuß geben, ganz frech? Ja, dachte ich, das machste. Hab ich ihr ganz frech noch en Kuß gegeben, nicht. Ha, die Mutter kam gar nicht mehr klar, nicht. Aber jedenfalls lachte sie dann so, als wenn sie sagen wollte: ganz schön abgewichst ist der, oder so, nicht. Ja, und jedenfalls, wie ich dann, und die Mutter ist ja im Glauben, daß ich ne Arbeit habe und daß ich immer nur Pause hab von 1 bis 1/2 2 Uhr und in der Zeit die Mutter aber auch, die hat auch dann eine Pause, die kommt dann. Nun hat sie ja einen *Karman Ghia,* die kommt dann. Ja, und jetzt muß ich mir was einfallen lassen, nicht. Ich sag: »Mensch Helga, ich hab ganz wenig Zeit! Da hab ich so ne *Bravo* mitgebracht, ein paar Blümchen«, ich sag: »Ich muß gleich wieder weg! Mensch, mein Chef, der wartet unten mit dem Wagen undsoweiter, wir müssen nach Wuppertal, sofort, nicht. Ich muß sofort wieder weg. Ha«, sag ich, »wir haben so viel zu tun!« Undsoweiter. Da hab ich mich dann sofort wieder verabschiedet.

Jedenfalls die Mutter, ich glaube, jetzt hat sie sich dran gewöhnt. Der Vater sowieso, der Vater ist ein dufter Kerl. Sie sagte mal, hier die Helga sagte mal zu mir: »Du mußt nur wissen, was der so für Ideale hat, und darauf mußt du ihn ansprechen. Denn haut alles hin.« Zum Beispiel die Zigarettenmarke schon alleine, nicht. Er raucht *Lord,* ich rauche überhaupt ganz selten oder hab selten welche. Ich einfach

*Lord* gekauft, bin ich hingegangen, hab gesagt: »Rauchen Sie eine mit?« »Ja«, sagt er, »*Lord*, ach ja, meine Marke!« Undsoweiter. Und dann sagt er sofort: »Autos ...« Er fährt son 1600 VW. Ich sag: »Mein Gott, ich weiß nicht, ich bin am Zweifeln, soll ich mir den 1600 VW ...?« Sagt er sofort: »Den mußt du dir! Das mußt du machen!« undsoweiter, undsoweiter. »Das ist ein Auto!« Ich sag: »Ja, ich schwärm ja auch dafür und so ...« Und jetzt kam die Mutter und sagte: »Peter, darf ich mal eben unterbrechen?« »Ich hab jetzt keine Zeit, wir unterhalten uns hier von Wagentypen!« Also, bei dem bin ich dick drin.
Jetzt im Krankenhaus, bei meiner »Frau«, die liegt da auf so ner Station – Frauen, die kriegen da ihre Babys undsoweiter, ich weiß nicht, wie sich das schimpft. Jedenfalls, ich sah da auch so, hinter som Glaskasten, da lagen so 15 oder 20 Babys, nicht. Und einer, der lag direkt so vorne, ganz lange Haare hat der gehabt, nicht, und dann guckt der da so. Aber ganz klein! 10 Tage alt! Ach du, so ne richtig kleine Wurst war das. Und da dacht ich so – vorher hab ich immer gedacht: heiraten? ich? ph! ich glaub, ich hör nich richtig, und so, nicht. Aber da guck ich da, da dacht ich: mein Gott, so ne kleine Rolle, möchtest du auch haben ... Ich möchte mal zwei Kinder haben, en Mädchen und en Jungen. Aber lieber erst en Mädchen. Und dann möcht ich gerne, daß das Mädchen, natürlich, man kann das nicht sagen, aber so Auslandskorrespondentin oder sowas, nicht, da würde ich, wenn ich da mal hart arbeiten müßte, da würd ich sogar Nebenbeschäftigung annehmen und alles, aber das müßte sie dann werden. Ja, und der Junge, da mein ich: normal. Also, was heißt normal? Normal stell ich mir darunter vor, wenn irgendwie Radio-Techniker oder sowas, nicht, oder wenns gar nicht anders geht, dann eben, oder son Grafiker oder sowas, das wär was. Meine Kinder, die müßten erstmal ein ganz gepflegtes Deutsch sprechen. Hier zum Beispiel, ich kenne Geschäftsleute, unwahrscheinlich nobel – und Wörter nehmen die Kinder in Mund, das ist sagenhaft! Ich meine, ich würde mein Kind unwahrscheinlich toll anziehen, ganz schick machen, daß die anderen Leute sagen: »Guck mal, hat der en süßes Gör!« oder sie, nicht: »Die hat aber süße Kinder!« Daß

die in den Kinderwagen reingucken, und ich müßte stolz sein, und meine Frau natürlich, in erster Linie meine Frau müßte stolz sein. Das ist sie ja auch automatisch, ne Mutter ist immer stolz auf ihre Kinder, nicht, wie sie aussehen, ist praktisch gleich.
Ich möchte, also mal so gesehen, ich möchte eine Frau finden, die so ist wie meine Mutter. Das ist natürlich, sagt jeder Junge. Meine Mutter zum Beispiel kann unwahrscheinlich toll kochen. Keine Frau, also ich kenn keine Frau, die so toll kochen kann, und die auch so gut ist, wie man so schön sagt. Ich müßte ne Frau haben, wenn ich wirklich – nehmen wir mal an, ich würde soweit sinken, daß ich irgendwie wieder auf die Zeche gehen müßte oder sowas, nicht. Ich müßte da um 5 Uhr aufstehen. Die Frau, die müßte ohne weiteres auch um 5 Uhr aufstehen, müßte nicht, aber so möchte ich das gerne haben. Und daß die dann mit mir morgens Kaffee trinkt und sagt: ja, und so, n Kuß und so, das ist dann ganz normal, und dann mittags schön was zu essen. Und nicht so ne Frau wie heute, ich nehme jetzt mal en Vergleich: da haben sie 2 Zentimeter Make-up auf em Gesicht, und dann gehn sie an en Kochtopf, links haben sie das Baby in der Hand, rechts ne Zigarette im Mundwinkel, und mit der rechten Hand, da rühren sie die Milchsuppe an. Das finde ich unwahrscheinlich, also, ich weiß nicht: so ne Art von Frauen verabscheue ich. Ich möchte auch nie ne Frau, zum Beispiel, ich steh auf Naturfrauen! Wenn eine schwarze Haare hat, und die ist nicht dreckig angezogen, aber auch nicht gut, weil se von Haus nicht viel haben – sowas mag ich, auf sowas steh ich. Aber nicht auf so ne Mädchen, die sich da, ich weiß nicht ... Na, jedenfalls jetzt auf meine Mutter zurückzukommen. So ne Frau, und davon gibts viele, nicht nur meine Mutter, also ich mein, die so arbeitsam sind. Die wäscht und macht, und ich sag immer: »Setz dich mal ne halbe Stunde hin!« Dann sagt sie: »Ach, ich kann nicht sitzen, ich muß was machen.« Nicht? Und wenn wirklich nichts zu tun ist, dann backt se einfach en Kuchen und so, Hauptsache, sie hat was gemacht. Und wenn sie dann mal sagt: »Jetzt leg ich mich aber wirklich hin ...« Ja, denn legt sie sich ne halbe Stunde hin und wenns dann mal schellt, dann steht sie wieder auf, sagt: »Mein Gott, das kann doch nur der Herbert sein,

der ist jetzt von der Arbeit gekommen, nicht? Da muß ich was zu essen machen.« Das ist der dann gar nicht, ist nur irgendwie en Vertreter oder sowas, nicht, aber dann ist die wieder wach, und dann macht die wieder was anderes. Och, das finde ich unwahrscheinlich toll.

Seit meinem 14. Lebensjahr war ich nicht mehr in der Kirche. Aber trotzdem glaube ich an Gott. Ich schäm mich nicht, wenn ich sag, daß ich jeden Abend bete: für meine Eltern und für meine Feinde und vor allen Dingen für mein jetziges Mädchen. Praktisch da kam es mir erst mal richtig zum Bewußtsein, daß ich an Gott und so – jedenfalls: ich glaub eben an Gott. Ich geh nicht zur Kirche, ich lehn das ab. Die Leute gehn da rein, und die eine: »Frau Beckmann hat wieder einen neuen Nerz an!« Undsoweiter, im Grunde genommen sind das alles dufte Typen, gerade die Kirchgänger da, ich sprech da aus Erfahrung. Bei uns zu Hause ist das so, da geht das hinter der Gardine: »Hm, die gehn schon wieder zur Kirche . . . Guck mal da, neue Schuhe an und so, ha, und schon wieder ne neue Handtasche . . .« Und so jede Kleinigkeit. Frau Schnattermaul und so, ungefähr. Das sind dann die sogenannten älteren Leute, nicht. Ach, und denn: »Guck mal der, und wie sieht der denn aus!« Die haben immer was. Die sehen einen Typ, vielleicht etwas lange Haare, und dann sagen sie: »Mein Gott, sieht ja verboten aus!« Aber ich finde, es ist doch alles schon mal dagewesen, mit den langen Haaren und so. Früher hat man Kotletts getragen und auch enge Hosen und weite Hosen undsoweiter. Und heute sehen sie das wieder, und das wollen sie nicht verstehen. Auch bunt, heute, wenn man einen gehen sieht mit ner karierten Hose und ein rotes Hemd, dann sagt man: »Mein Gott! Der müßte mal wieder in en Zirkus gehen!« Ich finde, trotzdem ich nicht aus der Zeit stamme, aber meine Eltern erzählen viel, irgendwie war das schon da.

Sicher, ich möchte in meinen Beruf wieder zurückgehen, aber auch nicht. Ich bin es leid, für andre Leute zu arbeiten. Wenn man 5 Mark in der Stunde verdient, da gehn soundsoviele Abzüge ab, und letzten Endes bin ich da der Dumme. Aber ich meine, so gehts eben, das ist überhaupt so, nicht, so ist eben das Leben: man muß für andere arbeiten, man ist eben in armen Verhältnissen undsoweiter. Aber den Kommunismus, den lehne ich ab. Immer schon. Ich seh das so: da arbeitet man ja wieder für andere Leute. Das bleibt sich ja im Grunde genommen gleich. Dann kann ich ja auch, ich mein, ist doch alles, son Konsum, kann man sagen, alles in einem Pott, und alle rühren sie kräftig mit. Nee, halte ich nichts von. Obwohl, nun, es gibt Leute, die sagen, da drüben wär es besser, und das stimmt auch. Und es gibt verschiedene Leute, die gehn auch schon rüber und sagen – aber ich weiß nicht. Nee, hier ist es schlecht, zugegeben, aber ich möchte lieber da bleiben, wo ich bin. Den Kommunismus lehne ich ab. Aber ich werd versuchen, mir selbst – wie mein Bruder und andere, das sind nämlich meiner Ansicht nach Vorbilder. Und die haben es ja auch geschafft. Warum, so blöd bin ich letzten Endes auch nicht, daß ich sagen kann – ich möchte zum Beispiel so Autozubehör-Teile und so etwas, das möcht ich gern, son Geschäft möcht ich mal gerne haben. Und wenn alles gut geht und trotz der schlechten Zeit, und wenn ich wirklich spare – ich muß sagen, hier in der schlechten Zeit, spar ich Geld. Und vorher hab ich viel Geld verdient, zum Beispiel, ich hab 900 Mark brutto verdient, jeden Monat. Aber ich hab schon am Montag, wenn ich Freitag Geld bekommen hab, hab ich am Montag schon zum Kollegen gesagt: »Hör mal, kannste mir nicht ne Mark pumpen oder so?« Das war schlecht. Und jetzt, jetzt bring ich Geld zur Kasse, komischerweise. Ich möcht von dem Geld, möcht ich dann mal irgendetwas machen, und wenn es so eine Wirtschaft ist, ne kleine Wirtschaft, keine große, so ne schöne kleine gemütliche Wirtschaft. Und man sagt immer, das geht so schlecht, nicht, die Wirtschaften und so, nicht. Jede, kann man sagen, jede 100 Meter ne Wirtschaft, aber die Leute leben alle und nicht schlecht. Zum Beispiel, ich kenn einen Mann, der wohnt bei uns, der hat so ne Selterbude, ne einfache Selterbude. Natürlich verkauft er allerhand Nebendinge, Brot, Milch, und alles macht er da, das darf er gar nicht, aber er macht es. Und der fährt en *Diplomat*, nicht. Ich mein, ich beobachte das immer und sag: mein Gott, sowas müßtest du auch machen! Oder ich möchte, ja, 10, 15 Stunden sogar am Tag arbeiten, aber das müßte mein Geld sein, ich möchte sagen können: hier, heute hast du 100 Mark verdient, aber die hast du verdient, das ist dein Geld nur allein. Ich mein, wenn ich jetzt irgendwie im Tiefbau wär und würd immer mein Geld nach Haus, gut bürgerlich die Beine unterm Tisch, Zeitung lesen, abends im Bett, en bißchen Fernsehen, morgens um 5 Uhr aufstehn, und das dann so 50 Jahre oder 60 Jahre, wenn ich so alt werde, oder wir – da sehe ich keinen Sinn drin. Ich möcht ein unwahrscheinlich schwungvolles Leben führen!

## Verena D.
## Kaufmännische Angestellte

Ich bin ja erst nach m Krieg geboren, am 2. 3. 1949, in Dortmund. Ich bin jetzt 18 Jahre alt und bin als kaufmännischer Lehrling auf den chemischen Werken beschäftigt, das heißt, ich hab da 2 Jahre lang gelernt und jetzt Ostern meine Lehre abgeschlossen. Seit meinem 4. Lebensjahr leb ich bei meinen Pflegeeltern. Meine Eltern sind geschieden, meine Mutter lebt in der DDR, mein Vater in Frankfurt. Mein Vater is von Beruf Journalist. Meine Mutter hatte neu geheiratet, und mein Stiefvater, den hatte sie hier kennengelernt, er war hier als Student und is dann rübergemacht, der is von Beruf Tierarzt. Und damals war das so, meine Mutter war vorübergehend krank, und da gab sie mich zur Pflege zu meinen Pflegeeltern, und die hatten sich nun inzwischen an mich gewöhnt. Und meine Eltern hatten noch keine Wohnung zu der Zeit, als sie rübermachten, und da blieb ich also vorläufig noch bei meinen Eltern. Das hat sich dann so weit hinausgezögert, daß sie mich dann eben nicht mehr missen konnten.

Die meiste Zeit meiner Kindheit verbrachte ich eigentlich bei meinen Großeltern, bei meinem Opa, bei meiner Oma, hier. Die hatten damals eine große Wohnung und auch einen Garten mit einem Sandkasten, einer Laube und einer Hollywood-Schaukel, die mein Opa selbst alles gezimmert hatte. Da verbracht ich also den größten Teil meiner Kindheit bei meinen Großeltern. Ich ging praktisch nur abends zum Schlafen nach Hause. Zu der Zeit lebte auch noch meine Mutter bei meinen Großeltern, und ich war eigentlich oft mit ihr zusammen. Aber sie kam mir eigentlich schon damals vor wie eine Tante.

Ich war 2 Jahre, da ham sich meine Eltern scheiden lassen. Ich glaub schon, daß es richtig war, obwohl eigentlich die Kinder immer darunter zu leiden ham. Aber – sie ham eben nich zusammen gepaßt, was sich ja später rausstellte. Ich erinnere mich noch ganz genau, wie meine Mutter ihren Koffer packte, und da hatt ich mir meinen Daumen eingeklemmt, das weiß ich noch ganz genau, das vergeß ich nie. Das war eigentlich die letzte Erinnerung, bevor meine Mutter dann wegfuhr. Ich hab das eigentlich gar nicht so richtig wahrgenommen, ich war damals 4 Jahre alt. Und auch als sie weg war, ich habe nicht irgendwie jemand vermißt oder so, weil ich eben mein Zuhause hatte und wirklich glaubte, das war mein Zuhause. Dann, als ich das erste Mal zu Besuch war mit meinen Pflegeeltern, da hatte ich immer Angst, daß sie nachts heimlich wegfuhren und mich da ließen, ich war so 12 Jahre alt. Aber dann, als ich das zweite Mal allein fuhr, wars ganz anders, da war ich 14, genau weiß ich es nich, 14, 15 vielleicht, da fiels mir schwer, wieder nach Hause zu kommen. Ich merkte plötzlich, daß ich irgendwie nicht mehr zurecht kam zu Hause, das war mir irgendwie alles fremd, und ich fühlte mich plötzlich zu meiner Mutter hingezogen und sprach dann auch mit meinen Eltern dadrüber, und sie fingen an zu schimpfen: ich wär undankbar, und es wär gemein von mir, und wie könnt ich ihnen das nur antun und, und wenn ich jetzt rüberginge undsoweiter undsofort. Es war furchtbar schwer für mich, mich erstma da wieder richtig reinzufinden. Ich hab dann auch nachgegeben, aber jedesma, wenn ich rüberfahr, dann mein ich: ich gehör zu meiner Mutter. Und wenn ich dann wieder zurückkomm, dann mein ich: du gehörst doch hierhin. Und immer dieser Zwiespalt, es is nich einfach für mich, mich da richtig durchzufinden. Ich kann mich auch nich durchsetzen, ich kann ihnen nich sagen: ich gehör jetz da hin, und ich fahr jetz da hin und so, ich kann das eben nich. Jetz hab ich auch noch meinen Vater kennengelernt und jetz, wenn ich ihn wieder sehe, mein ich auch wieder: ich gehör zu ihm. Jetz sind schon drei Personen da, die alle eigentlich Gutes für mich wollen, aber vielleicht doch viel dadurch zerstören.

Ich finde, meine Mutter hätte mich sofort zu sich nehmen sollen, sofort. Aber es tat ihr dann auch leid, meinen Pflegeeltern gegenüber, sie konnte das eben nich so. Und dann bekam sie ja noch ein Kind, meinen Bruder, und dann is es ihr doch nich so schwer gefallen. Sie fühlt sich sehr wohl drüben und möcht auch nich mehr rüber. Mir gefällt auch irgendwie, wie sie versteht zu leben, ihr Leben überhaupt, und so möcht ich, also, ich eifre ihr nach, praktisch. Sie hat eine Familie, hat ihren Haus-

halt da drüben, hat eine tolle Wohnung, is trotzdem noch berufstätig, sie is Angestellte in eim großen Werk für Import und Export in Ostberlin, und nimmt noch richtig am Leben teil, also lebt wirklich... Wenn ich jetz überlege, welche Möglichkeiten mir doch drüben zur Verfügung ständen, überhaupt die Ausbildung: ich hätte jetz schon das Abitur machen können undsoweiter, is doch n ganz anderer Weg, den ich da eingeschlagen wär, ein – vielleicht ein besserer Weg.
Ja, dann bin ich in die Volksschule gekomm, bin alle 8 Klassen durchgelaufen. Ich war die Zweitbeste aus der Klasse, ich war in der Volksschule, war ich sehr gut. Aber ich hatte eigentlich von Anfang an schon immer irgendwelchen Ärger, nich bedeutungsvoll, aber doch irgendwie, weil ich eben praktisch die Einzigste in der Klasse immer war, die in manchen Dingen andere Ansichten hatte als die Allgemeinheit. Und dadurch gab es immer irgendwelche Reibereien. Wenn zum Beispiel schon allein das Thema auf die Ostzone kam, dann war ich doch praktisch als Einzige richtig informiert, weil ich schon öfter drüben war. Die andern, die redeten nur das, was man ihnen vorerzählte, und ich versuchte dann, etwas zu verteidigen. Das stieß dann überall auf Widerstand. Und dann hab ich schließlich, hab ichs dann aufgegeben. Aber – wenn es dann immer wieder dazu kam, bin ich doch nich ruhig geblieben. Die Lehrer, die ham eigentlich darüber gelächelt, so wie ichs feststellen konnte, auf jeden Fall in der Volksschule, sie ham mich eben noch nich für ernst genommen, is klar. Dann, in der Berufsschule hatt ich auch einige Auseinandersetzungen mit unserem Klassenlehrer, aber ich hatte die ganze Klasse gegen mich. Und es is nich so einfach, dagegen anzukomm, s war niemand, der mir zustimmte. Aber sonst hatte ich immer n gutes Verhältnis zu der Klasse, in andern Fragen kam ich eigentlich auch gut aus mit den Lehrern. Ich bin gerne zur Schule gegangen. Ich lese auch gern, zum Beispiel Tucholski, is mein Lieblingsschriftsteller. Er gefällt mir, seine Gedichte, seine Art zu schreiben, ich les ihn sehr gerne. Und ich lese Brecht. Jetz bin ich dran, Scholochow zu lesen, *Geschichten und Erzählungen.* Ach, und die *Bildzeitung* les ich auch ab und zu, ich amüsier mich eigentlich immer. Auf der Arbeit bei uns kauft man sie täglich, und dann gerät sie mir manchmal in de

Finger, und ich les es dann auch durch. Aber ernst nehmen könnt ich das Blatt nie. Ich wär gern noch weiter zur Schule gegangen. Aber ich habs nich versucht, auch, weil meine Eltern drauf gedrungen ham, daß ich endlich mal n Beruf erlerne und abschließe.
Ich hab mir ne ganz andere Vorstellung von meinem Beruf gemacht. Aber es is nun so, ich hab die Handelsschule besucht, und dann stand plötzlich die Frage vor mir: welchen Beruf ergreifst du. Ich hatte keinerlei Vorstellung von irgendwelchen Berufen, man hat mich nicht drauf vorbereitet, ich wußte nichts. Ich wußte nicht, wie n Büro aussieht, ich wußte nichts von der Arbeit im Büro. Ich wußte praktisch nichts. Ja, und dann auf einmal frug man mich: »Welchen Beruf willst du erlernen, ergreifen?« Ich wußte keine Antwort. Ich wußte einfach nichts, weil man mich auf keinen Beruf vorbereitet hatte. Und da mein Vater auf den Chemischen Werken war, mein Pflegevater, als Chemie-Facharbeiter, erzählte er mir dann, daß der Beruf da gesichert bleibt, und daß der Beruf da gut wär, daß ich gut verdiene undsoweiter undsofort. Naja, und dann hab ich praktisch den Weg eingeschlagen. Aber der Beruf macht mir keinen Spaß. Der erste Tag gefiel mir, weil ich wenig Arbeit hatte, und die waren alle nett zu mir, und ich dachte: is ganz prima. Arbeiten kann ich . . . Na, das ging ungefähr ne Woche so, und dann – hatt ich schon keinen Spaß mehr dran. Die Arbeit, die Büro-Arbeit, das Rumsitzen und – so eintönig, nur Maschineschreiben und sowas, es lag mir irgendwie nich. Mein Traumberuf is noch immer: ich wollte unbedingt Zeichenlehrerin werden, also auf jeden Fall einen Beruf, wo ich zeichnen kann, weil ich sehr gerne zeichne. Ich hab auch früher schon, in meiner Kindheit hab ich schon viel gezeichnet, meistens Figuren, hab Kleider entworfen und sowas, Frauen gemalt, Gesichter, und das hat mir immer Spaß gemacht. Ich hab mir ne ganze Mappe angelegt. Eine Möglichkeit gäbs vielleicht schon noch, daß ich vielleicht Abendschulen besuche oder so. Aber dann hätt ich Ärger zu Hause. Meine Eltern, die würden das nich verstehen, die sagen: »Du hast doch dein Beruf, und sei doch froh, du verdienst doch gut, was willstn da noch lange lernen.« Vielleicht versuch ich noch mal was anderes, ich werd noch ein Jahr warten. Ich möchte

erst ma ein bißchen Geld verdienen. Meine Eltern ham, meine Pflegeeltern ham jetzt 18 Jahre für mich gesorgt, und ich möchte jetzt erstmal etwas Geld verdienen, daß ich selbst mal was in die Finger bekomme.

Meinen Vater, meinen richtigen Vater, den hab ich vor circa einem Jahr, hab ich den erst kennengelernt, und zwar ganz zufällig. Da war ich in Frankfurt auf einer Kundgebung vom SDS, und da war er dort auch, in der Universität. Und er kannte mich, obwohl er mich nur von Bildern her kannte, erkannt er mich plötzlich und rief und – ich war natürlich ganz überrascht, es war natürlich eine Freude, nach 15 Jahren. Dann hab ich ihn das erste Mal gesehn, ich hab sofort gemerkt, daß er mein Vater war. Und wir ham uns einfach toll verstandn. Er hat mich inzwischen auch schon besucht hier, und ich hab mit ihm gesprochen über meine Probleme, über meine politischen Ansichten und über mein Zuhause hier, wie ich mich hier wohlfühle, und er hat mich toll verstanden. Ich hab mich sofort an ihn gewöhnt, irgendwie. Er wollte mir auch helfen. Und zwar gab er mir den Rat: wenn ich keinen Ausweg mehr wüßte, also wenn ich nich wüßte, wo ich richtig hingehöre, dann sollt ich doch zu ihm kommen. Aber er wollte mich irgendwie nich zwingen, er hat mir die Entscheidung frei überlassen, ja. Aber es war ja nich so einfach. Ich kannte mein Vater erst kurze Zeit, und hier meine Eltern hätten mir das auch nie verziehen. Es is nich einfach, weil – das is n kleines Kaff hier, wie man so sagt, und es is immer schwer, den Kontakt zu der – Außenwelt zu finden und zu den Menschen und so, man is praktisch eingeschlossen. Man muß weiter fahren und, um andere Menschen überhaupt kennenzulernen. Und da meine Eltern sowieso in ihren Ansichten schon n bißchen veraltet sind, ist es schwierig für mich, richtig da rauszukommen.

Zum Beispiel ham wir einen Club gebildet, vor circa 3/4 Jahren, Inter-Club, ein paar Freunde und ich. Wir wollten mal etwas anderes machen als immer tanzen. Und wir hatten über den Ostermarsch, hatten wir Bekanntschaft mit anderen Jugend-Clubs, und da haben wir uns zusammengesetzt und ham beraten und ham beschlossen, da auch so einen Club zu bilden. Und das hat dann auch geklappt. IC hat schon inzwischen 15 Mitglieder, feste Mitglieder, is zwar nicht viel, aber immerhin. Und es macht riesig viel Spaß, da in dem Club zu arbeiten. Meine Eltern verstehen nun nicht, daß ich mich dafür interessiere, für unsern Club und allgemein überhaupt für Politik. Sie meinen, ich hab da meine Nase nich reinzustecken, und es gibt für mich eben andere Dinge, um die ich mich mehr kümmern müßte, die Hausarbeit undsoweiter, ja. Und dadurch gibt es ja immer Reibereien und Ärger zu Hause, und es is nich einfach für mich, mich da immer richtig durchzusetzen. Ich versuche auch, mit meinen Eltern zu reden und ihnen klarzumachen, mein Vater hat viel Verständnis dafür, aber meine Mutter und meine Großmutter, die auch bei uns lebt, die sind ziemlich ängstlich und verstehen es eben nich mehr so. Das kam eigentlich von meinem Opa, mein Opa, der war lange Zeit im KZ, war verfolgt wegen seiner politischen Ansicht, er war Kommunist, und er hatte viel durchzumachen und dadurch ja auch die ganze Familie. Meine Eltern ham auch schon oft gesagt: »Wenn es so weitergeht, dann kannst du deine Koffer packen!« Früher ham sie immer gesagt: »Wenn es so weiter geht, dann kannst du deine Koffer packen und nach Berlin fahrn.« Das hab ich jeden Moment zu hören gekriegt, und das war immer ein Schlag für mich, weil ich jetz wirklich nicht wußte: was meinen die nun? Wolln die mich nun behalten, oder wolln die, daß ich rübergeh? Und jetz sagen sie eben: »Wenn dir das alles nicht paßt, dann kannst du dir ein Zimmer nehmn,« undsoweiter. Das is alles leicht gesagt. Aber ich glaube, wenns wirklich hart auf hart kommen würde, dann würden sie doch einen anderen Weg einschlagen. Und, es is doch gar nich so einfach: ein Zimmer zu nehmen. Man sagt das immer so. Erstma die hohe Miete, ich verdiene jetz 550 Mark brutto, freies Geld etwa 430 Mark, und man muß ja alles bezahlen und auf eignem Fuß stehen. Ein Teil des Krachs nehm ich also auf mich, s geht eben nich anders. Ich mach meine Club-Arbeit, aber ich nehm mir doch nich allzuviel und laß nich zu viel Leute zu uns nach Hause kommn, und rede auch nich alles raus zu Hause. Das gibt nämlich nur unnötig Ärger. Im Jugend-Club is es so, ich weiß ganz genau, welche Ziele ich mir genommn habe undsoweiter, da fällt es mir auch nicht schwer, den richtigen Weg zu gehn.

Wenn ich natürlich von meinen Eltern noch unterstützt würde, wärs besser für mich.
Wir ham jetz einen Raum hier, in einer Turnhalle einen kleinen Nebenraum, wo andere Veranstaltungen auch stattfinden, den haben wir bekommen. Aber der reicht nich aus. Der Raum gehört der Stadt, aber die Stadt hat keine Möglichkeit, den fest aus der Hand zu geben. Es wär natürlich besser, wenn wir einen eigenen Raum hätten, den wir uns gut einrichten könnten. Das würd natürlich auch mehr ziehn, aber es is nicht zu machen, sehr schwer, an einen andern Raum ranzukommen. Wir müßten uns höchstens einen Raum mieten, aber das käm viel zu teuer. Und sonst is keine Möglichkeit. Es is auch gar nich so einfach, wirklich feste Mitglieder, die wirklich aktiv helfen – dann macht es bestimmt viel Spaß in unserm Club. Aber die erstma zu bekommen, das is gar nich so einfach. Wenn wir zum Beispiel eine Beat-Veranstaltung machen, dann ham wir den Raum brechend voll, is das nächste Mal ne Diskussion, sind nur ein paar Mann da, die immer da sind. Das is zur Zeit das größte Problem.
Ich kenne auch eine Menge arbeitsloser junger Leute in meinem Alter, die schon früh ihre Arbeit verloren ham, und wenn man sich mit denen unterhält, dann merkt man, daß sie gar nich richtig den Sinn erkennen. Na gut, sie gehn ebn stempeln, damit is es abgetan. Ja, aber richtig sich damit auseinanderzusetzen, woher die Krise undsoweiter, das tun sie nich. Das is wieder eine Aufgabe unsres Clubs, mit den Leuten zu sprechen. Ich finde, man muß sie auch darauf aufmerksam machen, wie es zu dieser Krise kommt und so, das machen wir uns dann eben zur Aufgabe. Ja, wir machen Diskussionen über politische Probleme, und wir sprechen auch über Liebe und natürlich noch Beat. Obgleich, die Beatle-Frisuren und die Mode, also das is doch typisch auch schon zur Uniform geworden, praktisch nur ein Protest gegen die Erwachsenen. Ich befürworte den eigentlich, den Protest, aber nich, wenn er ausartet ... Aber, ich hab nichts dagegen, auf keinen Fall! Zum Beispiel, als ich mich zum ersten Mal geschminkt habe, mit 15, da ham sie auch geschimpft: »Was werden die Leute sagen«, und: »So jung, und ihr malt euch schon so an!« Und wir fanden es einfach schick ... Ich hatte da eine Freundin,

und die hatte schon eine ältere Schwester, und die hatte allerhand Schminksachen zu Hause rumliegen. Und da ham wir immer, wenn wir zu Hause warn bei ihr, alles Mögliche ausprobiert vorm Spiegel. Und eine Zeitlang ham wir uns unwahrscheinlich wie ein Indianer angemalt, war vollkommen unmöglich, wirklich, so ganz helle Lippen und was nich alles. Und die Eltern ham sich natürlich dadrüber aufgeregt. Ja, und wir fandn das eben schick! Alle ham uns das nachgemacht, das weiß ich noch ganz genau. Und ein Jahr später, da ham wir schon drüber gelacht, wie wir uns nur so anmalen konnten.
Das ist schon ne ganze Zeit her, da ham wir in unserm Club zum Beispiel gesprochen über: Ist Liebe mit 17 verboten? Über dieses Thema. Da gabs verschiedene Ansichten. Eigentlich sind wir zu keinem richtigen Schluß gekommen. Wir hatten einen Pfarrer eingeladen. Aber je nachdem, es gab verschiedene Ansichten. Ich finde, wenn man weiß, daß es wirklich Liebe ist, dann hat man n Recht drauf. Eigentlich müßte das jeder selber wissen. Wenn sich ein junges Mädchen in einen jungen Mann, oder wenn, vielmehr, ein junges Mädchen sich dafür reif genug fühlt ... Ich bin nicht durch meine Eltern aufgeklärt worden, durch meine Eltern bin ich nicht aufgeklärt worden. Ich hab es praktisch alles auf der Straße gehört, wie die meisten wohl. Ich hab wirklich immer drauf gewartet, daß meine Eltern mit mir sprechen. Aber ich hab mich nie so richtig getraut, sie danach zu fragen. Ich hab es dann durch eine Freundin erfahren undsoweiter, wie es so üblich ist ...
Dann ham wir auch über die Antibaby-Pille gesprochen. Ich befürworte die Antibaby-Pille. Denn ich sag mir: lieber vorher die Antibaby-Pille als hinterher ne Abtreibung. Und ich finde, man sollte sie ruhig in den freien Handel geben. Vielleicht würde da viel durch vermieden. Wenn man sich vornimmt, sich später mal zu verloben oder sich vielleicht schon verlobt hat, dann is es doch klar. Aber jetzt, meistens ists nur eine engere Freundschaft vielleicht zwischen einem Jungen und einem Mädchen, indem man gemeinsame Probleme wälzt und gemeinsame Interessen vertritt. Ganz am Anfang hab ich immer nach m Aussehen gesehen und hab dann festgestellt, daß es also – meist nie das Richtige war. Es war nur

immer im Augenblick. Dann merkt man, daß sie völlig – jeder hatte andere Interessen undsoweiter. Also, es ging einfach nich. Und jetz mach ichs eben umgekehrt, daß ich zuerst nach dem Wesen seh, natürlich auch noch nach dem Aussehen, aber doch in erster Linie erstmal mit den Jungen ins Gespräch komm, um zu sehn, welche Ansichten er hat, und ob ich Interessen mit ihm gemeinsam hab.

Bei meinem Freund, jetzt, ist es genauso wie bei mir, er hat eigentlich die gleichen Probleme, nich die gleichen, aber ungefähr die gleichen Probleme wie ich. Er stammt aus einer streng katholischen Familie, und seine Eltern sehn nun überhaupt nich gerne, daß er am Ostermarsch teilnimmt, daß er an unserm Club mitmacht undsoweiter. Er hat natürlich noch mehr Ärger zu Hause in dieser Hinsicht als ich. Und so ham wir eben beide unsere Probleme, grad mit den Eltern. Das ist nicht einfach für uns, wirklich nicht. Und es gibt immer Krach zu Hause. Zum Beispiel, wenn er sonntags morgens zur Kirche gehen soll. Ja, also, er wird regelrecht dazu gezwungen. Was soll er machen? Soll er sich durchsetzen? Dann bekommt er Krach zu Hause. Soll er hingehn? Dann entspricht es nicht seinen wirklichen Gedanken. Die Eltern sehn immer gleich das Schlechte in allem, und sie meinen, ihre Kinder, ihre Töchter, die müßten sich ums Haus kümmern und so. Ich find aber, jeder müßte sich für Politik interessieren, is eben erforderlich, grade für die Jugend, weil wir doch später in der Zukunft leben müssen, wir unser Leben bestimmen müssen. Wenn gesagt wird, die Frau gehört ins Haus – natürlich gehört sie auch ins Haus und muß sich auch um die Kinder kümmern. Aber daneben gibt es doch noch viele andere Sachen, die sich auch, um die sie sich auch kümmern muß. Es bleibt doch nicht dabei, daß man nur tagein, tagaus am Kochtopf steht, man veraltet doch so, und man hat überhaupt keinen Einblick in die Geschehnisse. Wir leben ja schließlich nicht mehr im Mittelalter. Die Frau sollte sich genauso an alles interessieren wie auch der Mann. Aber sobald wir mal etwas andres machen als die Masse überhaupt, dann ist es gleich, wird es gleich falsch aufgefaßt, und die Erwachsenen schauen dann mit schiefem Blick auf einen nieder und sagen: »Was ist das bloß, was der da macht! Dummheiten!« undsoweiter. Ist eigentlich traurig. Und darum, die meisten trauen sich auch nie richtig. Weil sie Angst haben, zu Hause Schwierigkeiten zu bekommen, schlagen sie dann eben den bequemeren Weg ein. Und ich finde: es gibt irgendwie ein befriedigendes Gefühl, überhaupt etwas zu tun. Ich würde zum Beispiel auf keinen Fall auf den Ostermarsch ein Jahr verzichten, da könnte man mir eine Reise anbieten Gott weiß wohin, ich würde immer wieder aufn Ostermarsch gehen. Grade jetzt, in dieser Zeit, weil jetzt doch die meisten Probleme – zum Beispiel der Vietnam-Krieg, ein aktuelles Problem, wo immer wieder drüber gesprochen wird und wo unbedingt etwas gegen getan werden muß. Und die einzige Möglichkeit ist doch wirklich, erstmal, die uns zur Verfügung steht, auf die Straße zu gehen und zu zeigen – unsere Meinung kundzugeben. Und erreicht hat er schon was, der Ostermarsch. Zum Beispiel sind die Marschierer in der Zahl viel stärker geworden als in den letzten Jahren, und das ist doch schon immerhin ein Erfolg. Und wir zeigen auch vielen Leuten, wenn wir marschieren, daß wir eben anders denken, und daß es wirklich noch Leute gibt, die wirklich ernsthaft andere Gedanken haben als doch der große Kreis, daß man aufmerksam wird auf diejenigen und sich vielleicht Gedanken macht und vielleicht auch den richtigen Weg findet.

# Aus der Betriebsversammlung ›Möller/Rheinbaben‹

Betriebsratsvorsitzender August S.

Als wir zum ersten Mal hörten, *Möller/Rheinbaben* solle stillgelegt werden, da hielten wir diese Meldung und diese Nachricht für einen schlechten Witz. Es war für uns einfach unvorstellbar, daß eine Anlage, die völlig mechanisiert und von der Leistung her stetigen Anstieg hat beigeführt, darüberhinaus durch hohe Investitionen erst vor gut zwei Jahren eine neue, vollmechanisierte Beschickungs-Anlage, neue Förderwagen, eine neue Berge-Brech-Anlage und weiterhin einen neuen Schacht-Umbau mit Hängebank und allen andern modernen technischen Einrichtungen bekommen hatte, einfach stillgelegt werden sollte. Jedoch, die Halden wuchsen, Kameraden, es kamen Feierschichten, die Stillegung des Abbaus von 20 Millionen Tonnen Steinkohle stand im Raum. Wenn 20 Millionen Tonnen Förderkapazität vernichtet werden sollten, war leicht zu erraten, daß davon 17 bis 20 mittelgroße Schachtanlagen betroffen wären. Ich sage bewußt: betroffen wären, weil ich nicht einsehe, daß es so sein müßte. Nun, Kollegen, in den letzten Monaten und Wochen verdichteten sich die Gerüchte, daß auch bei *Hibernia* daran gedacht sei, die Schachtanlage oder eine Schachtanlage zu schließen. Alles konzentrierte sich in letzter Zeit auf die Schachtanlagen *Schlägel und Eisen* und *Möller/Rheinbaben* – ich glaube, das ist kein Geheimnis. Warum gerade diese zwei Schachtanlagen im Gespräch warn, ich glaube, darüber sollte uns gleich vom Vorstand berichtet werdn. Nun, Kollegen, in letzter Zeit wurden uns von vielen Stellen, ich möchte sagen, sogar in den letzten Tagen und Wochen noch von vielen Stellen und persönlich von *Möller* und *Rheinbaben* Hoffnungen gemacht, daß dieser bittere Kelch der Stillegung an unserer Schachtanlage vorübergehen würde. Es war wirklich so, der Trend ging dahin, Kameraden, und noch vor nicht allzu langer Zeit, ich glaube, das kann ich hier ganz offen und ehrlich sagen, war auch unser Werkdirektor, Herr Doktor S., der Meinung: die Chancen stehen 80 : 20 für *Möller/Rheinbaben.* Das war die Situation, Kollegen, und daher dieser kalte Schlag, der uns jetzt alle betroffen hat. Aber die Belegschaft und der Betriebsrat empfanden die Ungewißheit als unerträglich. Kollegen, ihr wißt, wie die Situation im Betrieb war: es wurden Gerüchte, es wurde gemunkelt, und es war einfach unmöglich. Die Ungewißheit bewirkte, Kollegen, daß die Arbeitsmoral unter Tage sank. Auch über Tage wars nicht anders. Weiterhin muß festgestellt werden, daß eine relativ schlechte Unfallstatistik aufgrund dieser Gerüchte und der ständigen Ungewißheit, in der wir lebten, zu erkennen war. Der Betriebsrat verlangte daher vom Vorstand, endlich Farbe zu bekennen und zu sagen: welche Schachtanlage ist dran! Bitte, sagt uns endlich – die Ungewißheit ist unerträglich. Nun, Kollegen, am Mittwoch, den 2. November, hat der Vorstand entschieden: *Möller/Rheinbaben* zum 30. März stillzulegen. [Zwischenruf: August! Stilllegen ist nicht das richtige Wort! Vernichtung ist das richtige Wort!] Die Ankündigung – Emil, sei bitte so vernünftig, laß mich aussprechen und komm gleich rauf und sag du: Vernichtung! [Heiterkeit] Die Ankündigung, allen Arbeitern und Angestellten würde ein Arbeitsplatz bei *Hibernia* garantiert, diese Ankündigung ist euch ja zugegangen. Kollegen, ich meine, das ist für uns zunächst ein schwacher Trost. Verantwortlich, würde ich sagen, für diese Misere ist einfach die falsche und konzeptionslos gesteuerte Energie-Politik aus Bonn. Das muß einmal ganz offen und ehrlich gesagt werden, Kameraden. [Beifall] In allen europäischen Ländern bemüht man sich, die heimische Energie zu erhalten. Und Bergbau-Experten aus Belgien, aus Frankreich, aus den Niederlanden oder auch aus England würden sich die Finger ablecken nach einer so modernen und leistungsstarken Schachtanlage wie *Möller/Rheinbaben.* Nur bei uns in der Bundesrepublik glaubt man nach wie vor, hier für Öl und sogar für ausländische Kohle, vordringlich amerikanische Kohle, einen Naturschutzpark errichten zu müssen. Man stört sich, meiner Auffassung nach, überhaupt nicht um die Menschen und um die Bergleute, die maßgeblich mit Schweiß und Tränen am Aufbau dieses Landes mitgewirkt haben. Was ist zu tun, Kameraden. Das entscheidende und letzte Wort wird in der Aufsichtsratssitzung am 18. November gesprochen werdn. Wir werden die Zeit nutzen und vorher mit dem Aufsichtsrats-Vorsitzenden und auch mit dem Stellvertreter zu sprechen versuchen. Ich werde sehen, daß wir einen Termin sehr bald haben. Ob es uns gelingt, den Beschluß abzuändern, kann von mir hier nicht versprochen werden, Kollegen. Ich möchte und darf keine falschen Hoffnungen erwecken, die hinterher um so schmerzlicher für uns alle sind. Sollten keine Möglichkeiten mehr da sein, diesen Schicksalsschlag abzuwenden, so wird der Betriebsrat, meine ich, alle Möglichkeiten auszuschöpfen haben, einen vernünftigen und ordentlichen und sauberen Plan, einen Sozialplan, zu erstellen, der alle Betroffenen hier nach Möglichkeit, nach bestem Wissen und Gewissen, Gerechtigkeit widerfahren läßt. Ich habe versucht, Kollegen, die Situation kurz darzustellen, um auch noch Möglichkeiten zur Diskussion und zur Fragestellung da zu lassen. Ich bin bereit, und das ist meine Aufgabe als Betriebsratsvorsitzender, hier auch in diesem Gremium Rede und Antwort zu stehen. Darüber hinaus, meine ich, wird der Vorstand verpflichtet sein, Rede und Antwort zu stehen. Ich glaube, es wäre gut und richtig, wenn wir jetzt den Vorstand bitten, die Gründe und Fakten, die zu dieser Entscheidung geführt haben, hier darzulegen. Ich glaube, Herr H. sollte uns jetzt hier die Gründe des Vorstandes als Belegschaft von *Möller* und *Rheinbaben* darstellen. Ich danke euch zunächst einmal, Kollegen, für die Disziplin, die ihr bis jetzt an den Tag gelegt habt und hoffe, daß wir diese Versammlung ... [Anhaltender Beifall]

Das Wort hat Bergassessor H. vom Hauptvorstand der *Hibernia AG.* [Unruhe]

Meine Herren, selten in der Geschichte der *Hibernia* stand der Vorstand dieser Gesellschaft vor einer so schwerwiegenden Entscheidung, menschlich und wirtschaftlich gesehen, vor einer so schwerwiegenden Entscheidung wie in diesen letzten Wochen und Monaten, in denen es um die Existenz und um das Schicksal einer weiteren Schachtanlage der *Hibernia* ging. Wir wissen, daß der Beschluß des Vorstands, die Stillegung der Schachtanlage *Möller/Rheinbaben* dem Aufsichtsrat zur Genehmigung vorzulegen, am 2. 11. durch den Vorstand gefaßt worden ist. [Zwischenrufe] Meine Aufgabe nun ist es, hier an dieser Stelle, mich mit meinen Kollegen Ihnen zu stellen und Ihnen die Begründung dafür zu geben, weshalb der Vorstand zu dieser folgenschweren Entscheidung gekommen ist. Es handelt sich bei diesem Stillegungsbeschluß um nichts weniger als darum, eine Entscheidung zu treffen für eine Schachtanlage, die immerhin seit ihrem Bestehen im Jahre 1901 beinahe 80 Millionen Tonnen Kohle gefördet hat, und es handelt sich um eine Schachtanlage, deren im übrigen deutsche Belegschaft im wesentlichen aus lauter alten *Hibernia*-Leuten besteht, die bis vor kurzem tatsächlich noch annehmen durfte, daß ihnen das Schicksal der endgültigen Stillegung bei entsprechender Leistungssteigerung erspart blieb. Das stimmt. Der Vorstand stand also vor der sehr schwerwiegenden menschlichen und wirtschaftlichen Entscheidung. Gründliche Untersuchungen und viele Beratungen zogen sich über eine Zahl von Monaten hin, bevor diese für das ganze Unternehmen, aber insbesondere, bevor die für unsere Belegschaft von *Möller/Rheinbaben* so folgenschwere Entscheidung gefällt werden konnte, und es ist selbstverständlich, daß in allen diesen, mit verständlicher Sachlichkeit, mit großem Ernst, aber auch mit heißem Herzen geführten Verhandlung alle Interessen, wirtschaftlicher, belegschaftspolitischer und auch kommunalpolitischer Natur sorgfältig gegeneinander abgewogen werden konnten und auch sorgfältig gegeneinander abgewogen worden sind. Und dabei ging es nicht, wie böse Zungen behaupteten, um die Frage: Geld oder Bergbau, nein, es ging auch bei uns ganz klar um die Frage: kann die *Hibernia* als Konzern, als Ganzes, bei der hinlänglich bekannten Absatzlage in der Kohlenwirtschaft es länger verantworten, wenn sie an ihre anderen, großen, in die Zukunft weisenden Aufgaben und Vorhaben, wenn sie, die *Hibernia*, an die Notwendigkeit, diese Vorhaben finanzieren zu können, und wenn sie, die *Hibernia* weiterhin sowohl an die Arbeitsplätze ihrer 30 000 Belegschaftsmitglieder als auch an das wohlverstandene Interesse des ganzen Konzerns denkt, kann also diese *Hibernia* es länger verantworten, immer mehr und mehr Kohle über den

eigenen Bedarf hinaus und über den möglichen Absatz hinaus zu fördern und auf die Halde zu werfen, auf denen bei *Hibernia* allein heute schon mehr als 1,3 Millionen Tonnen lagern, und, das muß auch einmal gesagt werden, damit beinahe 80 Millionen DM an Kapital bindet. Ich kann auch fragen: kann die *Hibernia* es weiterhin vertreten, Feierschichten einzulegen, und zwar in massiver Form, können wir es überhaupt als Unternehmensleitung noch verantworten, mit beizutragen zur Verelendung unserer Belegschaften? Nein, das wolln wir nicht, und das tun wir auch nicht! [Große Unruhe]
Ich möchte ganz klar sagen, daß die Politik, insbesondere die Wirtschaftspolitik zu formen und zu gestalten, nicht Sache des Vorstandes der *Hibernia* ist. Wir als Unternehmen haben uns auszurichten an den Fakten, an den Tatsachen, an den Dingen, die gesetzt werden in Düsseldorf oder in Bonn, wir haben die Konsequenzen zu ziehen und zu handeln. Und sonst gar nichts. Meine Herren. [Unruhe] Das ist nun einmal so, daß die Politik nicht von uns gemacht wird, sondern von anderen, und wir müssen uns danach richten und müssen die notwendigen Folgerungen daraus ziehen. So viel und so wenig, wenn Sie wollen, zur Politik. Und nun zu den harten Tatsachen. Wie sieht nun tatsächlich die allgemeine Absatzlage auf dem Kohlenmarkt aus. Ich will Ihnen noch einige, wenige, ganz wenige, aber sehr deutliche und erschreckende Zahlen nennen. Im Jahre 1965 hat die Steinkohlenförderung der gesamten Bundesrepublik in Deutschland 135 Millionen Tonnen betragen. Das ist alles, das ist Ruhr, Aachen, Niedersachsen. Demgegenüber haben wir nur absetzen können lediglich 126 Millionen. Es fehlte also bereits im Jahre 1965 für 9 Millionen Tonnen der Absatz. Wie sieht es 66 aus. Die Förderung in 66 wird sich wahrscheinlich einstellen auf rund 126 Millionen Tonnen, also ungefähr auf das, was wir im Jahre davor haben absetzen können: der Absatz in 66 wird sich aber einstellen auf vermutlich 116, 117 Millionen Tonnen. Ergebnis, es fehlen im Jahre 1966 wieder für 9 Millionen Tonnen Absatz. Wir haben in den letzten beiden Jahren je 9 Millionen Tonnen Absatz verloren. Diese Zahlen gelten, und das möchte ich ganz besonders hervorheben, für die ganze Bundesrepublik, und ich darf nur nebenbei erwähnen, 9 Millionen Tonnen ist gerade das

Maß, was unsere Gesellschaft fördert. Wir fördern im Jahr runde 9 Millionen Tonnen. [Zwischenrufe] An diesem Absatzrückgang sind alle – Sie können gleich mit zur Diskussion beitragen – an diesem Absatzrückgang sind alle Verbrauchergruppen gleichmäßig beteiligt. Es gibt keine Gruppe, die den Absatz gehalten, geschweige denn gesteigert hat, nicht einmal die von uns, von der Kohle, so umworbene Elektrizitätswirtschaft hat eine Ausnahme gemacht, denn auch hier ist ein Rückgang zu verzeichnen. Das Ihnen bekannte Verstromungsgesetz zeigt erst in etwas weiterer Zukunft seine Auswirkungen. Und wie siehts bei *Hibernia* im besonderen aus. [Er trinkt einen Schluck Wasser, Rufe: Prost! Lachen] Dankeschön. Der Absatz bei *Hibernia* hat sich in ähnlicher Weise wie an der Ruhr entwickelt. Während wir in den ersten Monaten dieses Jahres aufgrund der sogenannten Auslagerungs-Aktionen die Haldenbestände bei den Kohlen in etwa halten, ja sogar noch etwas senken konnten, meine Herren, so kam doch im Juli eine ganz entscheidende Wende dann, als die Verlagerungsaktionen abgeschlossen wurden, und ab Juli haben wir bei *Hibernia* eine beträchtliche Zunahme der Haldenbestände in Kohlen zu verzeichnen. Bei Koks war es anders, da war von Anfang dieses Jahres an die Entwicklung schon ungünstig, hier haben sich die Haldenbestände vom Beginn des Jahres 66 an erheblich vermehrt. Man kann grundsätzlich sagen, daß wir seit dieser Wende im Juli dieses Jahres Monat für Monat 80 bis 100 000 Tonnen Kohle und Koks, zusammengerechnet, haben auf Halde legen müssen, so daß heute 1,3 Millionen Tonnen Kohle und Koks auf Halde liegen. Der Absatzschwund ist fast ausschließlich auf den Rückgang der Mengen zurückzuführen, die auf den Märkten verkauft werden. Sie wissen, daß der Teil unserer Förderung, der als sogenannter Werk-Selbstverbrauch im *Hibernia*-Bereich intern verkraftet wird, dieser Werk-Selbstverbrauch ist einigermaßen konstant geblieben. Sehr eingehende Untersuchungen der Absatzmöglichkeiten der *Hibernia* von heute bis in die Zukunft, sagen wir mal bis 1970, wir sind ja alle keine Propheten, aber wir haben uns bemüht, einmal die Absatzlage vorauszuschätzen bis 1970, und dazu gehört bei der heutigen Lage außerordentlich viel Mut, eine Vorausschätzung aufzustellen für 1970. Jedenfalls kann ich nur sagen, daß das Ergebnis einer solchen Untersuchung war, daß *Hibernia* heute einigermaßen konstant absetzen kann eine Förderung in der Größenordnung von 33, 32, 31 000 Tonnen je Tag. Bleiben wir bei der Hälfte, sagen wir 32 000 Tonnen je Tag, nicht mehr und nicht weniger können wir gesichert absetzen. Das heißt auf das Jahr umgerechnet: wir müssen unsere Förderung, die heute etwa 9,2 Millionen Tonnen beträgt, erheblich reduzieren, oder anders ausgedrückt: wir fördern diese Mengen in der Größen-Ordnung von 1,3 Millionen oder 6 000 Tonnen am Tag heute schon zu viel. [Zwischenrufe] Sie können sich gleich alle zu Wort melden, wir wolln doch die demokratischen Spielregeln einhalten. [Lärm, Lachen] Ich sagte Ihnen schon, daß zu dieser Mehr-Förderung von 1,3 Millionen Tonnen immer noch die Halden, immer noch wesentliche Haldenbestände kommen. Aber diese zu hohe Förderung und die Haldenbestände, zwo mal 1,3 Millionen Tonnen, sind für unsere Gesellschaft einfach untragbar. Warum. Weil sie erstensmal die Ertragslage des gesamten Unternehmens erheblich schwächt. Dann weil sie die Mittel – wie gesagt: 80 Millionen Mark liegen auf den Halden – weil sie die Mittel dieses Unternehmens *Hibernia* bindet und weil sie die Liquidität des Unternehmens gefährdet und darüber hinaus Investitionen erschwert, die für den ganzen Konzern lebenswichtig, ja sogar unausbleiblich wichtig sind. Und, zuletzt, weil sie schließlich die Arbeitsplätze aller, aller, im Unternehmen tätigen Menschen gefährdet. Was ist nun zu tun, in dieser Lage. Wir müssen also Wege finden, die Förderung dem Absatz anzupassen. Wir sehen einfach gar keine anderen Möglichkeiten mehr. Wollte man die Förderung dem Absatz anpassen durch Zurückfahren aller Schachtanlagen gleichmäßig – was wäre die Folge? Feierschichten müßten eingelegt werden, und zwar, um zu dem notwendigen Ergebnis einer Förderdrosselung um 1,3 Millionen Tonnen zu kommen: jährlich etwa 55 Feierschichten auf jeder Anlage. Was das aber für Sie, meine Herren, bedeuten würde, wenn unsre sämtlichen Bergleute viele Lohn- und Gehalts-Einbußen hinzunehmen hätten, meine Herren, ersparen Sie mir die Schilderung dessen. Und darüber hinaus, das muß auch einmal hier gesagt werden, würde ein solches gleichmäßiges Herunterfahren aller Anlagen der *Hibernia* das Jahresergebnis unserer Gesellschaft erheblich beeinträchtigen. Und zwar kostet unsere Gesellschaft jede Feierschicht 1 Million, das heißt: in den Büchern würde auch der Verlust von 55 mal 1 Million, also 55 Millionen sich niederschlagen. Diese zuletzt genannte Verschlechterung um 55 Millionen Mark, die bleibt auch dann dem Unternehmen, wenn etwa vom Bund oder vom Land die Feierschichten teilweise oder sogar ganz bezahlt würden. Vor allen Dingen kommt aber hier noch hinzu, daß das Zurückfahren der Förderung auf allen unseren Schachtanlagen die Wirtschaftlichkeit einer jeden Schachtanlage sehr stark beeinträchtigen muß. Selbstverständlich kostet auch, und das sei auch hier einmal in aller Öffentlichkeit gesagt, um einem wiederholt gehörten Einwand zu begegnen, die Stillegung einer Schachtanlage erhebliche Mittel. Diese zweifellos hohen Aufwendungen einer Stillegung, die fallen aber nur einmal an im Gegensatz zur Drosselung der Förderung einer Zeche, zu der noch die hohen Kosten während der Kohlengewinnung kommen. Es hat sich als richtig erwiesen, daß Feierschichten oder Förder-Drosselung auf allen Zechen der *Hibernia* mehr als doppelt so viel kosten würde wie die Stillegung einer Zeche. Wägt man also diese verschiedenen Möglichkeiten, die ich hier aufgezeigt habe, gegeneinander ab, wie das in sehr langen und sehr intensiven Beratungen immer wieder geschehen ist, so bleibt als einziger Weg, die gegenwärtige Förderung den veränderten Marktverhältnissen anzupassen, also nur die zweite Möglichkeit, nämlich die völlige Stillegung einer Zeche. Diese Folgerung, diese Konsequenzen, die sind zwar wahnsinnig hart, vor allen Dingen hart für Sie, meine Herren, hart für die betroffenen Belegschaftsmitglieder, aber sie sind zwingend. [Zwischenrufe] Sie werden jetzt mit Recht fragen, warum muß nun ausgerechnet Ihre Schachtanlage, die Schachtanlage *Möller/Rheinbaben* stillgelegt werden. Daß stillgelegt werden muß – ich habe mich jedenfalls bemüht, Ihnen das nahezubringen, Ihnen das klar zu machen. Daß eine Schachtanlage mit einer Förderung von etwa 6 000 Tonnen stillgelegt werden muß, ich meine, das hätte ich auch deutlich genug ausgedrückt. Doch warum muß es nun ausgerechnet *Möller/Rheinbaben* sein. Dazu kann ich Ihnen sagen: das Ausschlaggebende für diese schwere Entscheidung, von den *Hibernia*-Schachtanlagen gerade und ausgerechnet *Möller/Rheinbaben* stillzulegen, daß folgende Gründe im wesentlichen zur Entscheidung beigetragen haben. Erstens: gegenüber den anderen Schachtanlagen verfügt die Zeche *Möller/Rheinbaben* über die ungünstigsten Lagerstätten. [Lautes Lachen] Lassen Sie mich an dieser Stelle gleich hervorheben, daß Sie, die Belegschaft, und die Direktion trotz dieser Ungunst der Lagerstätten, trotz der schwierigen Verhältnisse der Vergangenheit es fertig gebracht haben, einzigartige technische Erfolge aufzuweisen. Schon vor Jahren hat hier die vollmechanisierte Kohlengewinnung, gerade auf *Rheinbaben*, ihren Ausgang genommen für die gesamte *Hibernia*, und es ist bewundernswert, mit welchem Arbeitswillen die Belegschaft von *Möller* und *Rheinbaben* – [Tumultartige Unruhe, lang anhaltend] wieviel Sie dennoch fertig gebracht haben. [Unruhe] Zweiter Grund: aufgrund der Zusammensetzung dieser Kohlenvorräte Ihrer Schachtanlagen, an Kohlenqualitäten, sind die langfristigen Absatz-Aussichten Ihrer Zeche nicht günstiger als diejenigen anderer *Hibernia*-Schachtanlagen. Dritter Grund: sorgenvoll ist die örtliche Lage der Zeche *Möller/Rheinbaben*. Sie wissen, daß *Möller/Rheinbaben* am Rande des Verbundes der *Hibernia* liegt, Sie wissen, daß der Abbau unter dicht besiedeltem Gebiet umgeht, und Sie wissen auch, daß Ihre Anlage eben aus diesen Gründen besonders hohe Kosten für Maßnahmen der Bergschäden-Sicherung – [Empörter Lärm, Lachen, Unruhe, Klingel] Bei langfristiger Planung besteht für die Schachtanlage *Möller/Rheinbaben* nicht die Möglichkeit, durch Verbindung mit Nachbar-Anlagen eine leistungsfähige Groß-Schachtanlage zu schaffen. [Zwischenrufe: *Zweckel und Scholven*!] Diese Möglichkeit ist besonders ins Auge zu fassen für den Zeitpunkt, wo im Schwerpunkt der *Hibernia*, ich meine damit *Blumenthal* bis da rüber nach Buer, in etwa 15 bis 20 Jahren die Vorräte oberhalb der jetzigen Förderzone abgebaut sein werden, irgendwo im Bereich dieser Zechen oder vielleicht auch nördlich davon nach dem dann zukünftigen, technischen Stand eine moderne Großschachtanlage geschaffen werden kann. Und der fünfte Grund ist folgender: diese Anlage ist zwar technisch außerordentlich gut ausgerüstet, aber wir sehen nicht die Möglichkeit einer steigenden Weiterverbesserung der Technik unter Tage. Das sind im wesentlichen die Hauptbeweggründe dafür, die den Vorstand zu dem Stillegungsbeschluß bewogen haben. Ich sagte schon, daß der Beschluß am 2. 11. gefaßt worden ist und noch im Laufe dieses Monats dem Aufsichtsrat unserer Gesellschaft zur Genehmigung vorgelegt wird. Die vorgesehene Stillegung zum 31. 3. 67 wird sich ausschließlich auf den Gruben-Betrieb unter und über Tage erstrecken, das Kraftwerk, die Ausbauwerkstatt und die Verbund-Wirtschaft bleiben von der Stillegung selbstverständlich unberührt. Wir nehmen an, daß wir zusammen mit der Stillegung der Schachtanlage *Shamrock* dann die Förderung um etwa insgesamt 6 000 Tonnen pro Tag senken werden können. [Zwischenruf: Und auf *Westerhold* steigen auf 30 000 Tonnen! Zustimmung] Sie kommen gleich zu Wort. Nun nur einige wenige Worte, die über das Wirtschaftliche hinausgehen. Denn neben die zechen-wirtschaftliche Entscheidung tritt die soziale Entscheidung. Ja, ich kann sogar sagen, daß der Vorstand die soziale Entscheidung bei seinem Entschluß sogar obenan gestellt hat. [Proteste, Tumult] Ein Sozialplan, der nach Beratungen mit dem Betriebsrat in Form einer Betriebsvereinbarung abgeschlossen werden soll, soll helfen, die Härten auszugleichen, die in jedem Falle der Wechsel von einer zur andern Schachtanlage mit sich bringt. Wir sind uns dabei völlig der Tatsache bewußt, daß die Aufgabe eines angestammten Arbeitsplatzes immer Härten mit sich bringt und auch immer eine Härte sein wird. Und lassen Sie mich deshalb nur in einigen wenigen Sätzen die Grundzüge nun dieses Sozialplanes schildern: Erstens wird jedem Belegschaftsmitglied ein seiner Fähigkeit entsprechender Arbeitsplatz in anderen Betrieben des gesamten Konzerns, VEBA-Konzerns, angeboten werden. [Lachen, Protest] Ausgenommen werden solche Belegschaftsmitglieder, die erstens nach einjähriger Arbeitslosigkeit das vorgezogene Altersruhegeld erhalten können und zweitens die Voraussetzungen für die Knappschaftsrente erfüllen. Zweitens: Belegschaftsmitglieder, denen in Ausnahme-Fällen ein entsprechender Arbeitsplatz nicht angeboten werden kann, erhalten eine Beihilfe. Einzelheiten werden nach den Richtlinien von Montan-Union, Bund, Land oder ...

[Anhaltende Unruhe, Zwischenrufe: Welche Ausnahmen?] Drittens: Die von dem Sozial-Plan betroffenen Belegschaftsmitglieder werden mit geeigneten Verkehrsmitteln zu dem Betrieb gefahren, in dem sie ihre Arbeit aufnehmen. Bei Benutzung öffentlicher Verkehrsmittel werden ihnen die Fahrkosten erstattet, zunächst für 5 Jahre. Darüber hinaus wird sich *Hibernia* bemühen, im Rahmen des Wohnungsbauprogramms bei den einzelnen Schachtanlagen günstiger gelegene Wohnmöglichkeiten anzubieten, wobei die Umzugskosten, Einrichtungs- und Mietbeihilfen erstattet werden ... [Lang anhaltender, sich steigernder Lärm] Sie kommen gleich alle zu Wort! Bei dem Angebot an die Belegschafts-Mitglieder, im *Hibernia*-Bereich zu verbleiben, stützt sich der Sozialplan auf die Erfahrungen, die wir vor Jahren bei der Stillegung anderer Schachtanlagen gemacht haben. Zu diesem Zwecke habe ich einmal nachprüfen lassen, was zum Beispiel aus den ehemaligen Mitgliedern von *Scholven* geworden ist, die damals in der Mehrzahl überwechseln haben müssen zum Verbund-Bergwerk *Westerhold.* Von den damals 1151 Belegschaftsmitgliedern, die das Verlegungsangebot angenommen haben, arbeiten heute noch 810 Leute auf dem Verbund-Bergwerk. Das sind also über 70 Prozent. Ich meine, daraus kann man doch wohl den Beweis ziehen, daß sich die Leute an ihrem neuen Arbeitsplatz durchaus gut eingelebt haben [Zwischenrufe, Lärm] und die Folgerung ziehen können, daß das auch für Ihre Verlegung zutreffen dürfte. [Tumultartige Unruhe] Lassen Sie mich zum Schluß kommen, ich möchte abschließend noch einmal das Folgende hervorheben, nämlich, daß in den vergangenen Jahren die Belegschaft von *Möller/Rheinbaben* und die für die Führung dieser Schachtanlage verantwortliche Direktion alles notwendige getan haben, um die Wirtschaftlichkeit, um überhaupt Ihren Pütt zu halten. Ich hörte vorhin schon wieder von Ihrem Vorsitzenden auf *Rheinbaben* die Frage, warum wir noch so blöd gewesen wären und vor zwei oder drei Jahren 16 Millionen Mark in Ihr Unternehmen, in das Unternehmen *Möller/Rheinbaben* gesteckt haben. [Unruhe, Zwischenrufe] – Ich kann Ihnen darauf nur folgende Antwort geben: wenn wir das nicht vor 3 Jahren schon getan hätten, dann gebe ich Ihnen Brief und Siegel darauf, daß diese

Versammlung, die heute leider stattfinden muß, schon zwei Jahre früher stattgefunden hätte. [Tumult] – Im übrigen, daß auch dieses Geld dazu beigetragen hat, die Wirtschaftlichkeit Ihrer Anlage zu verbessern. Und lassen Sie mich wirklich jetzt zum Schluß kommen, ich möchte Ihnen noch einmal das Folgende versichern . . . [Zwischenrufe: Aufhörn! Entrüstung, eine Minute lang Unruhe] Ich möchte Ihnen noch einmal versichern, daß unsere Beschlüsse getragen worden sind von Verantwortungsbewußtsein gegenüber dem Gesamt . . . [Tumulte, Empörung] Ich wollte Ihnen noch Folgendes sagen, meine Herren, daß unsere Beschlüsse getragen worden sind von dem Verantwortungsbewußtsein gegenüber dem gesamten Unternehmen und damit gegenüber denjenigen, die ihrerseits das Gesamt-Unternehmen tragen, gegenüber den mehr als 30 000 Beschäftigten bei der *Hibernia* insgesamt, und ich versichere, daß wir dabei niemals das Schicksal und das Interesse derer außer acht gelassen haben, die von der Stillegung betroffen sind. [Zwischenruf: Ja, gib die Wohnungen frei! Allgemeine Unruhe] Sie, die Belegschaft, hat ihrerseits alles getan, alles getan, um den Pütt zu retten, aber gegen die Lage auf dem Kohlenmarkt, gegen die Politik, gegen irgendwelche Absatzverluste kommen wir einfach nicht an. Und das ist wirklich der Grund für diese bittere und harte Entscheidung. Dankeschön. [Gelächter]

Kameraden, wir haben die Ausführungen von Herrn Bergassessor H. gehört, ich darf Herrn Bergassessor herzlich dafür danken. [Empörung, Zwischenrufe]
Hier haben sich inzwischen die ersten zu Wort gemeldet, und mir scheint, von hier vorne zu sprechen ist bedeutend wirkungsvoller. Als erster hat das Wort der Kollege K., ihm folgt der Kollege B. Kollege K. von der Schachtanlage *Möller* hat das Wort.

Kollegen! Man hat geschrien, man hat Witze erzählt, die Ostzone melde provokantermaßen, man stelle die Schachtanlage *Möller/Rheinbaben* still. Meine Herren! Es ist an dem gewesen! Sie haben keine Propaganda gemacht! [Lärm, vereinzelter Beifall] Und ich sage euch, die Spione, die sitzen in der

Verwaltung! [Tosender Lärm] Denn kein Kumpel hat gewußt davon, daß *Rheinbaben* oder *Möller* stillgelegt würde, das, das ham die Herrn da oben gewußt, die heute uns erzähln wollen und predigen – das ist eine Lüge [Lärm] ... wirtschaftlich, das stimmt überhaupt nicht [Großer Krach, vereinzelt Beifall] ...

Das Wort hat der Kollege B.

Arbeitskollegen, meine Herren. Wir haben heute hier erfahren von dem Beschluß des Vorstands, die Schachtanlage *Rheinbaben* stillzulegen. [Zwischenruf: Und macht *Möller* nich zu?] Wir als Betriebsräte sind am Donnerstag-Morgen durch den Vorstand der *Hibernia* erstmalig informiert worden. Einige Dinge passen grundsätzlich nicht in den Rahmen der allgemeinen Situation, wie wir sie als Belegschaft beider Schachtanlagen gerne sehen wollten. [Rufe: Bravo] Und zwar folgendermaßen: die Entscheidung, die gefallen ist, ist eine Vorstands-Entscheidung, und Herr H. betonte vorhin ganz klar, daß hierüber der Aufsichtsrat am 18. November erst die Entscheidung fällen soll. Kollegen, und hier steht echt einmal die Frage für uns, warum hat der Vorstand eine Entscheidung in der Presse vor der Belegschaft versucht zu propagieren, eh die Entscheidung unserer eigenen Kollegen im Aufsichtsrat dazu ein Ja oder Nein gesagt hat? [Laute Bravo-Rufe, anhaltender Beifall] Kollegen, und daher sollten wir heute hier schön bei dem bleiben, was wir als Betriebsrat und als Belegschaft als Forderung für diese Stellungnahme uns erarbeiten sollten. Wir sollten diese Dinge ganz konsequent als Belegschaft zu dem Punkt führen, wo wir sie hinhaben wollen bis zum 18. November. Kollegen, und ich bin der Auffassung, daß wir unsern Kollegen, die im Aufsichtsrat selbst von der Arbeiterseite tätig sind, den nötigen Rückhalt für diese Entscheidung am 18. November geben können. Aber jetzt ein paar Worte zu den Ausführungen des Herrn H. vom Vorstand. Und zwar folgendermaßen: einmal wird begründet, 38 000 Tonnen täglich seien zu viel, man müsse herunter auf 32 000 Tonnen. Man will *Rheinbaben* aus diesem Grund liquidieren und sagt: diese 6 000 Tonnen stehen uns zu hoch.

Aber es kam zutage, daß man die Kapazität von *Westerhold*, die jetzt auf 9 000 Tonnen steht, auf 12 000 erhöhen will – [Anhaltender Lärm, Rufe] und daß man von *Bergmannsglück* und *Waltropp* im Laufe der nächsten Zeit nach der Stillegungsaktion von *Shamrock* auch noch eventuell um 3 000 Tonnen erhöhen will. Kollegen! – [Protestrufe] Wo ist dieses Problem dieser 6 000 Tonnen in dem Augenblick gelöst, wenn man sagt: hier muß jetzt stillgelegt werden? Denn man kann nicht einmal von Haldenbeständen sprechen, die als Überhang für eine Gesellschaft da sind, wenn man sie in der Nachfolge wieder fördert und wieder produziert und dann muß natürlich, und deswegen stand auch in der Zeitung die Frage. Der Betriebsrat hat die Frage gestellt: wann wird diese Angelegenheit heute von *Rheinbaben* und *Möller* der nächsten Schachtanlage zugestellt werden? Wann wird der nächste Pütt der *Hibernia* stillgelegt werden? Darüber kann man nichts sagen. Kollegen, und wenn man aufgrund der Mechanisierung all diese Dinge so weit nach vorne getrieben hat, dann hätte man uns, wenn das heute abgeschoben wird auf die Regierungspolitik Bonn, auf die Regierungspolitik Nordrhein-Westfalen, dann hätte man uns als Mitarbeiter, von ihnen aus, wie wir hingestellt werden, uns früh genug diese Aufklärung geben müssen. Und wenn sie dieses Problem verändern hätten wollen, dann hätten sie es uns früh genug sagen sollen, dann wären wir mit ihnen gemeinsam nach Bonn gegangen. Das ist die entscheidende Frage. Aber sie haben darin kein Interesse gezeigt und haben uns jetzt vor die vollendete Tatsache gestellt. Kollegen, wir haben noch ganze 14 Tage Zeit, und ich möchte sagen, daß wir den Betriebsrat von *Rheinbaben* und *Möller* beauftragen, Protestaktionen in aller möglichen Form, ob in Mitbeteiligung des Mittelstandes, mit Rat und Stadt, in irgendwelcher Form echt zum Ausdruck bringen wollen, daß wir unsern Kollegen im Aufsichtsrat die Unterstützung geben können, hier eine andre Entscheidung zu fällen wie sie heute dem Vorstand der *Hibernia* vorschwebt. Denn ich bin nicht der Auffassung, daß hierüber heute das letzte Wort gesprochen ist oder, ich muß dabei noch zusätzlich erklären, es sind Gespräche dabei zutage gekommen, daß man bei dem Verlust der Schließung von *Möller* und *Rheinbaben* in etwa einen

Verlust von 31 Millionen DM hinnehmen muß. Aber echt steht die Frage, inwieweit der Vorstand der *Hibernia* heute schon mit Bonn über die Stillegungsaktion und über ihre Entschädigungssumme verhandelt hat. [Großer Lärm, anhaltender Beifall, Zwischenrufe] – Wahrscheinlich wird diese Entschädigungssumme bei Stillegung von *Rheinbaben* höher aussehen als 31 Millionen, so daß die auf diese Art ihren Profit praktisch schon in e Tasche haben. [Zustimmung, Beifall] Kollegen, und deswegen bin ich der Auffassung, daß wir heute aus diesem Rahmen heraus ganz exakt unseren Betriebsratskörper auffordern, für die nächsten 14 Tage bis zum 18. November hier noch andere Protestaktionen über die Bühne zu ziehen, aber mit der Maßnahme, daß der Betriebsrat am Montag schon über dieses Verhältnis berät, um dieser Entwicklung keine Hemmungen zu geben. Dankeschön, Kollegen. [Lang anhaltender Beifall]

Das Wort hat der Kollege Ch.

Glück auf, Kameraden! [Glückauf! aus dem Saal] Zum zweiten Male versammeln wir uns hier in dieser Turnhalle bei ganz besonderen Anlässen. Das erste Mal vor 5 Jahren, nachdem der Vorstand der *Hibernia* unsern ehemaligen Betriebsratsvorsitzenden Clemens K. entlassen hat. [Laute Pfui-Rufe] Das zweite Mal, heute, versammeln wir uns, weil der Vorstand der *Hibernia* den Beschluß gefaßt hat, *Möller/Rheinbaben* den Todesstoß zu geben. [Pfui-Rufe] Und ich glaube, wir versammeln uns heute hier, um den Auftakt zu geben zu unserem Kampf für die Erhaltung unserer beiden Schachtanlagen. Dieser Kampf, Kameraden, wird natürlich schwer sein. Aber er verpflichtet uns, eng zusammenzustehn, ganz gleich, was auf uns zukommt. Ich glaube aber auch, daß wir in diesem Kampf nicht alleine stehn, daß wir in diesem Kampf die Unterstützung beider Städte, der Räte von Bottrop und Gladbeck, sicher sein können, nämlich auch diese Städte verlieren Millionen-Beträge an Steuern, die notwendig sind, um die Belange der Bürgerschaft herauszustellen. Aber, Kollegen, ich muß in diesem Zusammenhang noch einige Fragen an den Vorstand unserer Gesellschaft richten. Warum hat der Vorstand es unterlassen, obwohl er gesetzlich dazu verpflichtet ist, sich mit dem Betriebsrat und dem Aufsichtsrat zu beraten. Wenn der Vorstand triftige Gründe gehabt hätte, so meine ich, dann hätte er die beiden Gremien vorher zu Rate ziehen müssen und nicht, wie es geschehen ist, uns vor vollendete Tatsachen zu stellen. Ich möchte überhaupt die Frage stellen, wie es kommen kann, daß ein Bundes-eigenes Unternehmen sich nicht um Recht und Gesetz kümmert. [Zwischenrufe: Aha! Wahre Demokratie!] Denn das Betriebsverfassungsgesetz, das noch heute seine Gültigkeit hat, sagt klar in § 72: »Bei geplanten Betriebsänderungen, die wesentliche Nachteile für die Belegschaft mit sich bringen, hat der Betriebsrat ein Mitbestimmungsrecht.« Und bei diesen geplanten Betriebseinschränkungen handelt es sich unter A) auch um Stillegung des ganzen Betriebes. [Zwischenrufe: Hört, hört! Ja, Herr H.!] Kollegen, ich meine, durch die geplante Stillegung entstehen doch für uns wesentliche Nachteile. Wenn ich nur an den weiten Arbeitsweg denke, den wir unentgeltlich hinnehmen, in Kauf nehmen sollen. [Zwischenrufe: Ja, den kenn ich, den kenn ich! Ich weiß, wie schön das is, Herr H.! – Unrufe] Kameraden, man hat den Eindruck, als würde hier bewußt und auf Geheiß von Bonn der Status für die Stillegungswelle für die Zukunft gelegt. [Zwischenrufe: Müssen wir machen wie in Belgien und Frankreich! – Jawoll!] Wir Bergarbeiter, Kollegen, haben in den letzten 20 Jahren auch in den schwersten Zeiten dafür gesorgt, daß die Wirtschaft gedeihen konnte. Gerade darum haben wir heute ein Recht auf eine soziale und menschenwürdige Behandlung. Um so unverständlicher ist es für uns, daß alle Forderungen, die erhoben worden sind, von Gewerkschaften und anderen Stellen, einfach in den Papierkorb gewandert sind. [Zwischenrufe: Jawoll! – Pfui!] Das einzige, was man heute hört, ist, daß die Unternehmer mit ihren Stillegungen gute Geschäfte machen. [Starker Beifall] Hier wäre, mein Kollege B. hat das schon angeschnitten, die Frage zu stellen: wieviel bekommt die *Hibernia* für die Stillegung unserer Schachtanlage, und es wäre interessanter gewesen, wenn anstelle des Briefes, den Herr H. verlesen hat, uns diese Zahlen genannt wären. [Starker Beifall] Es ist ein unmöglicher Zustand, denn offensichtlich werden nur die Unternehmer bevorzugt, und wir Kumpels sollen das Fell hinhalten. [Zwischenruf: Wies schon immer war!] Kollegen, die Situation ist doch heute die, daß die Kumpels nicht nur für ihren eigenen Arbeitsplatz kämpfen müssen, sondern um die Existenz und die Erhaltung des gesamten Ruhrgebiets. Wenn nämlich weitere Schachtanlagen im Ruhrgebiet stillgelegt werden, dann wird auch eines guten Tages der Todesstoß für das Industrie-Gebiet, für das Ruhrgebiet kommen, daß das gesamte Ruhrgebiet ein Schlafgebiet wird. Darum ist es jetzt an der Zeit, daß alle Bürger, die durch die Stillegung betroffen werden, sich gegen diesen Machtmißbrauch der Unternehmer zur Wehr setzen. Nicht nur wir, die wir heute davon betroffen sind, sondern auch alle, die morgen an der Reihe sind, sind von uns dazu aufgerufen, uns in unserem Kampf um die Erhaltung unserer Schachtanlagen beizutreten. In diesem berechtigten Kampf können wir nicht nur moralische Forderungen stellen, hier können wir uns auf die Verfassung unseres Landes Nordrhein-Westfalen stützen, in der es heißt: »Im Mittelpunkt des Wirtschaftslebens steht das Wohl des Menschen. Der Schutz seiner Arbeitskraft hat den Vorrang vor dem Schutz materiellen Besitzes.« [Bravo! etwas Beifall] In diesem Artikel, Kollegen, wird also klar gesagt, daß die Politiker die Pflicht und Schuldigkeit haben, auch unsere Interessen zum Maßstab ihrer Politik zu machen. In diesem Zusammenhang möchte ich noch auf den Artikel 53 der Landesverfassung verweisen, in dem die Regierung des Landes bei Amtsantritt den Schwur leistet: »Ich schwöre, daß ich meine ganze Kraft dem Wohle des deutschen Volkes widmen, seinen Nutzen mehren, Schaden von ihm wenden, das mir übertragene Amt nach bestem Wissen und Gewissen unparteiisch verwalten, Verfassung und Gesetze wahren und verteidigen, meine Pflichten gewissenhaft erfüllen und Gerechtigkeit gegen jedermann üben werde.« [Zwischenruf: Gelogen! Vereinzelt Lachen] Ich bin der Meinung, wenn Gesetz und Recht überhaupt noch einen Sinn haben sollen, dann sind Regierung und Politiker klar verpflichtet, in dieser schwierigen Situation Maßnahmen zu ergreifen [matter Beifall], Maßnahmen, die dem Bergmann die Existenz sichern, das Zechensterben beenden und dem ganzen Ruhrgebiet wieder eine neue Lebensauffassung geben. Kollegen, ich schlage darum vor und erhebe es auch zum Antrag, daß wir den Betriebsrat beauftragen, am kommenden Dienstag zur Landtagssitzung eine große Delegation nach Düsseldorf zu schicken [laut: Bravo! Matter Beifall] und die Regierung und die Fraktionen auf ihre Pflicht aufmerksam zu machen, uns in dieser Stunde zu helfen. [Bravo!] Damit aber auch die Öffentlichkeit von unseren Forderungen, den Stilllegungsbeschluß des *Hibernia*-Vorstandes zurückzunehmen, informiert wird, wäre es richtig, wenn eine große Gruppe unserer Kameraden, [Rufe: Alle! Wir fahrn alle da hin!] wenn notwendig, alle, mit unseren Losungen zu demonstrieren, während eine andre Gruppe eine Petition der Regierung und den Fraktionen übergibt. [Zwischenrufe: Feierschicht machen!] Kollegen, ich meine, wir haben in dieser schweren Zeit den Kampf aufzunehmen für die Belange unserer Familien, für die Belange für uns selbst, für unsern Arbeitsplatz, für unsre Schachtanlage! [Laute Bravo-Rufe, anhaltender Beifall]

Das Wort hat der Kollege P. von *Möller*.

Glück auf, Kollegen! [Glückauf!] Interessant sind im Moment die Gelder, und Geld spielt hier allein die ausschlaggebende Rolle. Wir als Steuerzahler bezahlen den Unternehmen zum großen Teil ihr Geld, was sie angeblich vom Bund für Stilllegungs- und Wirtschafts-Erhaltungs-Maßnahmen erhalten. Herr H. vom Vorstand hat meines Erachtens nach hier zwischendurch ein völlig unzweckmäßiges Pathos an den Tag gelegt, er hat uns gelobt [Lachen] über den grünen Klee, wie fein wir das alle gemacht haben [Zwischenrufe] ... wir haben dazu beigetragen, ich vielleicht nicht so, weil ich erst später überhaupt ins Berufsleben gekommen bin, aber ihr, ihr älteren Kollegen: wie habt ihr denn angefangen, die Schachtanlage wieder aufzubauen, überhaupt wieder zu einer Kohlenförderung zu kommen? Daß unsere Wirtschaft überhaupt wieder in irgendeiner Form gestützt wurde, wie habt ihr angefangen damals, erinnert ihr euch noch daran? Und jetzt? Dankeschön – ihr habt das fein gemacht! Aber hier – das kommt trotzdem. Der Tritt, Kollegen, der schmerzt. Noch eine weitere Sache, die bereits angeschnitten worden ist. Man möchte uns nach *Westerhold* verlegen. Ebenso eine klare Rechnung wie die Rechnung um die Finanzen, um die Stillegungs-Gelder. Man sagt sich ganz einfach: das Werk ist ausgelegt auf eine bestimmte Höhe der Förderung. Diese Höhe der Förderung kann man unter den gegebenen Voraussetzungen noch nicht erreichen. Man muß also zusehen, wie man an diese Förderungsspitze kommt, da nämlich sonst ja auch wieder eine Unrentabilität eintritt, die man gern vermeiden möchte. Und man sagt sich ganz einfach: tja, wir nehmen die Leute da von *Möller/Rheinbaben*, wir rechnen, daß 50 Prozent sowieso abhauen. Da können wir etwa abrechnen: soundsoviel sind B2-Leute, die und die werden sowieso noch abgehen, dann habn wir in etwa – wir haben diese Zahlen nicht, aber der Vorstand hat sie und kann danach kalkuliern – in ein oder zwei Jahren eine Förderhöhe von soundsoviel erreicht. Eine ganz klare Rechnung, die bei diesen Leuten eine Rolle spielt und ansonsten überhaupt nichts. Und wir müssen die Zeche bezahlen. Danke. [Beifall]

Das Wort hat der Kollege B. von *Rheinbaben*.

Kollegen, ich möcht euch trotzdem noch ein »Glück auf« zurufen, wer weiß, wie lang wir das noch können. Viele von euch werden wissen, daß ich auf den Beschluß von Herrn H. zum vierten Male auf eine andre Schachtanlage gehn muß, *Zweckel*, *Scholven*, und jetzt *Rheinbaben*. [Rufe: Pfui!] Ich hör dieselben Worte, nur 5 Jahre später ... [Tosender Lärm] Vor 5 Jahren, da warn noch Arbeitskräfte gesucht, und hört mal, was man uns gesagt hat: wenn ihr euch nicht verlegen laßt – Herr H., das ham Sie gesagt – dann holn wir uns die Ausländer! [Tumulte, Pfui! Pfeifen] – wir solln nur mit Tatsachen an den Vorstand herangehn. [Zustimmung] Ein Vorredner hat bereits gesagt: wenn wir hier stillegen, wir solln nach *Westerhold*, *Blumenthal* und die andern Schachtanlagen hin, stimmt, is in Ordnung. Aber, und da muß ich mich dran anschließen, was vorhin ein Vorredner gesagt hat: die Kapazität, die geht genau wieder so hoch! Und warum solln wir nach *Westerhold* – der Herr H. und der J. und noch solche, die ham das viele Geld investiert, und wir ... [Tosender

Lärm] Ich frage euch jetzt: ihr kriegt ein Schreiben vorgelegt, ihr müßt unterschreiben: seid ihr bereit, nach der Schachtanlage hinzugehn? – Wenn ihr nicht unterschreibt, dann ham wir viele Nachteile: Wohnungen, die Eigentümer, die [Zwischenrufe] – Moment, meine Herren, laßt mich weitersprechen. Aber dann, wenn ihr nicht unterschreibt, dann bleibt er vielleicht auf 32 000 Tonnen, wie er sie haben will; aber wenn ihr noch woanders hingeht, ihr setzt euch doch nich unten hin und pennt, ihr fördert doch wohl – oder pennt ihr? [Langanhaltendes Lachen] Herr H. sagt, ihr werdet den gleichen Lohn kriegen – das weiß ich aus eigener Erfahrung, meine Vorgesetzten auf *Rheinbaben*, die wissen, wie ich kämpfen mußte, um auf den gleichen Lohn zu kommen. Wenn ihr jetzt hier weggeht von *Rheinbaben*, ihr kriegt andere Arbeiten, heute habt ihr 38 Mark – um den Lohn anzunehmen, der heute gilt. Ihr kommt auf *Westerhold* oder *Blumenkohl* in eine Arbeit [Lautes Lachen, Lärm] – 34 Mark, Garantie-Lohn: ja, ihr lacht, so ist es mir ergangen und vielen meiner Kollegen. [Zwischenrufe, laute Pfui-Rufe, Pfiffe] Er garantiert euch den Lohn. Und was für einen Lohn garantiert er euch? Er garantiert euch den Mindest-Lohn, den die Gewerkschaft uns erarbeit hat! So! [Pfui!] Aber nicht den, den wir uns auf *Rheinbaben* beziehungsweise *Scholven* und *Zweckel* oder sonstwo erarbeit haben. Ist das denn richtig, wenn ihr nach *Westerhold* hingeht – ich bin überzeugt, daß 30, 40 Prozent, die gehn mit 50, 60, 70 Mark weniger nach Hause als wie ihr jetz nach Haus geht. [Zwischenrufe] Eins möcht ich hier ganz klar dem Betriebsrat ans Herz legen, ich hoffe, daß ihr da mit einstimmt: in der Zeitung stand ganz groß geschrieben: 5 Jahre freie Arbeitsplatz-Beförderung. Es ist vielleicht erdverbunden oder ortsverbunden, oder viele ham ein Eigentum, die wolln ja gar nich nach *Westerhold*. [Zwischenrufe: Nee!] Ihr habt 5 Jahre, garantier ich euch, ihr seid aber, so wie ich, 45, und müßt noch 15, und die 10 Jahre müßt ihr 50 Kilometer machen! Und wer zahlt euch die?! Und darum bitt ich den Betriebsrat im Einvernehmen mit der ganzen Belegschaft: nicht 5 Jahre – so lange, wie wir auf ne andere Schachtanlage gehn, den Weg zu bezahln! [Jawoll! Zustimmung, anhaltender Beifall]

Das Wort hat der Kollege F.

Die Stillegung der Schachtanlage *Möller/Rheinbaben* ist nur eine beschlossene Sache für den Hauptvorstand. Für uns noch nicht. [Bravo!] Wir lassen uns das nicht gefallen, daß man uns verwirrt! Keiner wußte am Donnerstag, daß die Schachtanlage zum Tode verurteilt worden ist. Als ich morgens zum Pütt kam, hatt ich eine blaue Karte auf meiner Nummer. Ich wußte von Tuten und Blasen nix. Die hatten also schon von vornherein geplant, uns so ein mit dem Hammer vor den Kopf zu haun, daß wir nicht mehr zum Denken fähig warn. [Beifall, Lachen] Wir waren auch die ersten zwei Stunden nicht fähig, ein klaren Gedanken zu fassen. Erst dann fing unser Gehirnkasten wieder an zu arbeiten, und wir haben festgestellt, daß die das Verfassungsgesetz, das Betriebsverfassungsgesetz nicht beachtet haben [Pfui!], wo wir ein echtes Mitbestimmungsrecht haben. Einfach mitgeteilt: die Schachtanlage wird zugemacht. Und das ist ein Rechtsbruch. Und wir werden ihnen schon die richtige Antwort, mit eurer Hilfe, darauf geben. [Bravo!] Es wird hier viel Wind gemacht, und ich habe in der Vergangenheit viel gehört. Doktor S. sagte uns noch vor kurzem: wir haben kein Grund und Boden auf Halde, im Gegenteil: wir müssen noch Kohle kaufen, damit wir überhaupt unsre Verpflichtungen erfülln können! [Brüllende Empörung, halbminütiger Tumult, Zwischenrufe, Lachen] Ihr habt ja auch in der Vergangenheit gehört, daß zwei Schachtanlagen im Raum standen, die stillgelegt werden sollten. *Schlägel und Eisen* und *Möller/Rheinbaben.* Unsre Direktion hat, nach ihren Zahlen, ein haushohen Vorsprung vor dieser Schachtanlage. Und unser Direktor war in der vorigen Woche noch der festen Überzeugung: wir können nicht stillgelegt werden – dafür sind wir zu gut! [Lachen] Aber Herr H., der hatte natürlich wieder im Rechnen eine 1 gehabt. [Brüllendes Gelächter] Der hat uns klar gemacht, daß unbedingt eine Schachtanlage stillgelegt werden muß. Ihr habt gehört: wir fördern 9 Millionen Tonnen zu viel, die sind eben auf der Halde. Aber er hat vergessen zu sagen, daß wir im selben Zeitraum 10 Millionen Tonnen einführn! [Pfui!] Dazu noch, ich will ja nur mal klar machen: ham wir zu wenig oder zu viel, das geht ja aus den Ausführungen überhaupt nicht klar hervor. Einmal, wenn ein Satz fällt, dann mein ich, wir ham zu viel Kohln, andermal sagt man, wir solln auf *Westerhold* auf 13,5 aufstocken, dann mein ich wieder: wir ham dann doch zu wenig. [Große Heiterkeit, anhaltender Beifall] Auf *Möller/Rheinbaben* warn jedenfalls in der Vergangenheit immer zu wenig Kohln. [Heiterkeit] Wir haben hier gute Kohln, und wenn wir auch am Rande liegen – wer hat uns denn an den Rand hingebracht? [Große Heiterkeit] Wir hatten doch Verbund mit *Zweckel* und *Scholven*, und diese vier hätten doch eine wunderbare Großschachtanlage abgegeben! Dann könnten wir alle hierbleiben, und Herr H. brauchte jetzt sein Gewissen nicht zu belasten. [Zustimmung, Heiterkeit, Zwischenrufe] Ihr habt gehört, was der Betriebsrat euch vorgelesen hat: im Mittelpunkt des Weltgeschehens steht der Mensch, an erster Stelle. Hier hörn wir immer nur vom Geld. Geld ist zu wenig da. Wir wissen, wo das Geld hingeht. Aber darüber wolln wir heute hier nicht sprechen. [Zwischenruf: Die Gehälter abbaun! Heiterkeit] – Wir wissen doch gar nicht, wo über Gehälter bestimmt wird; die, die über unsre Löhne bestimm, bestimm auch zugleich über ihre Gehälter [Brausende Heiterkeit, lang anhaltender Beifall]. Sicher, es ist genug Geld da. Hätte man uns ein anständigen Lohn gezahlt, und hätte man wirklich die Absicht gehabt, nicht zu viel Kohle zu fördern, um nicht solche Berge hier aufzutürmn in unserm Flachland [Heiterkeit], dann brauchte man ja nicht mehr als 9 Millionen Tonnen hochzuholn. Nicht wahr – das sind die Punkte, mit denen wir beweisen können, daß die Ausführungen des Herrn H. vom Hauptvorstand nichts wert sind. [Bravo-Rufe, anhaltender Beifall] Es wird da von Fähigkeiten am Arbeitsplatz geredet, jeder soll nach seinen Fähigkeiten eingesetzt werden. Aber ich kann mich da eines Lächelns nicht erwehren. Ich meine, wenn ich euch so ansehe: so viel Direktorenstellen gibt es bei *Hi* . . . [Tosendes Gelächter, begeisterter Beifall, eine halbe Minute lang Unruhe] Kollegen, es kommt manchmal der Gedanke auf, daß man sagt: es hat doch keinen Zweck, daß wir dagegen protestiern. Die Herrn da oben in Bonn und Düsseldorf machen doch, was sie wolln. Ich kann euch versichern, wenn wir wirklich auf die Straße gehn [Zurufe: Ja!], wie die Studenten in Köln [Zurufe: Ja!], dann flattern ihnen die Unterhosen. [Brausender Beifall] Doktor D., der erste Vorsitzende der *Hibernia*, Hauptvorstand, hat gesagt, daß auch wohl noch viel mehr Schachtanlagen, ungefähr 20, wenn ich mich nicht irre, noch kommen. [Unruhe, Zwischenrufe] Ihr seht also, eine Lawine fängt an zu rollen. Und wenn man sich nicht gleich am Anfang dagegen stemmt, da wird sie uns alle überrolln. Wir müssen den Anfängen wehren! [Lang anhaltender Beifall]

Als nächster hat das Wort der Kollege B. von *Scholven*.

Der Herr H. hat gesagt, 810 Mitglieder von *Zweckel-Scholven* auf *Westerhold* und *Möller*. Warum hat er denn nicht gesagt, was man mit den anderen gemacht hat, die nicht mit rüber gehen wollten? Denen hat man die Wohnung gekündigt, den Gerichtsvollzieher in e Bude geschickt und dann lagen se auf de Straße. [Pfui!] Und heute sprach gerade der Direktor von gruppenweise Verlegung nach *Westerhold*, *Bergmannsglück* und so. Aber wenn ich nicht mitgeh, ich garantiere euch, da flieg ich aus der Bude raus und aus der Traum. [Pfui! Lachen] Aber ich möchte mich verändern! Ich will nich mehr aufn Pütt gehn!! Weil ich keine Zukunft mehr hab! [Bravo! Zustimmung] Und wenn ich nicht mitgehe, wenn die gruppenweise Verlegung kommt, dann sitz ich auf de Straße, dann hab ich keine Wohnung – meine Kinder, wo solln die wohn?! [Zustimmung, Unruhe, Zwischenrufe: Dann gibts keine Wohnung! – Ja, ja!] Und da müßte mal ganz energisch vom Betriebsrat – denn die ham es versäumt, den Kameraden unter de Arme zu greifen, die ham geschlafen in der Beziehung, denn sonst hätten se wat erreicht! Und wenn wir nicht alle rübergegangen wärn – die ham ja gezwungen. Wieviele Kameraden sind denn zurückgekommen, nach *Möller*, nach *Westerhold*, weil se nicht mehr wußten, wohin? Die Arbeit, ja, die hatten ne schöne Stelle – und die Wohnung war weg! Also warn se gezwungen, wieder aufn Pütt zu gehn – wie viele von uns auch. Und ich garantier euch, den Ältren gehts noch dreckiger! Und das sollte mal ganz klar gesagt werden. Der hat hier geredet von Dankeschön und Bitteschön – ja, warum hat er denn nicht gesagt, wie brutal, gemein die Kameraden da rausgeschossen wurden, warum denn nicht? Dat wird alles hinterm Berg gehalten, dat bleibt schön in e Brieftasche, dat solln die in er Öffentlichkeit ja gar nicht erfahrn! Daß die Kameraden ne Räumungsklage [Jawoll! Zwischenrufe] aufm Schreibtisch legen. [Pfui-Rufe] Und ich bin dafür, man soll, wenn man den Sozialplan ausarbeitet, bald, dann soll man aber den Sozialplan so ausarbeiten, daß die Kameraden, die da auf *Westerhold* – 5 Jahre, bitteschön, da bin ich über 30, wer will mich dann noch!? Heute bin ich 26, da nimmt mich noch jeder!! Und ich kann mich überall umschuln, überall! Aber, wenn ich 5 Jahre auf *Westerhold* geh, und dann wird da stillgelegt, dann nimmt mich keiner mehr. Ich will heut weggehen, jetzt, am 31., wenn zugemacht is, will ich weggehn. Und dann soll man mir sagen: Sie kriegen einen Zuschuß, daß Sie umschuln, und könn Ihre Wohnung behalten! [Zustimmung, anhaltende Unruhe] Und noch was. Da hat man uns ne Badewanne reingestellt für 110 Mark und erhöht die Miete 12 Mark jeden Monat . . . [Lachen] und das ist dann geblieben, Kameraden: jetzt hat der Esel maloocht, jetzt hat der Esel sein Dienst getan, jetzt wird er erschossen. [Bravo! Anhaltender Beifall]

Als nächster hat das Wort der Kollege Heinz P. von *Möller*.

Glück auf, Kollegen, und ein Pfui den Totengräbern in Herne. [Brausender Beifall] 9 Jahre schwelt die Kohlenkrise bei der *Hibernia*, im Ruhrbergbau und überall. Am 2. 10. erhielten wir die bittere Nachricht, daß unsere Anlage trotz allem geschlossen werden sollte. Meine Herren, wenn die mich die Nachricht überbracht hätten, aufm Werk, ich wüßte nicht, ob die auf ihren beiden Beinen noch mal rausgekommen wärn! [Laute Zustimmung] Wir haben eine gesunde Anlage gehabt, haben wir auch weiterhin. Wie war es denn, wie fing der Todesstoß an? Das war die Anlage *Luise Viktoria*. Was ist da geschehn? Die Anlage wurde stillgelegt aus Gründen, aus Unrentabilität, das weiß doch kein Mensch – das wurde uns einfach vorenthalten. Genausogut wie wir ein Anrecht hatten, daß jedes Jahr, vierteljährlich, wir son kleines Paket beziehungsweise einen Brief in die Wohnung bekamen mit einem dauernden Förderanstieg unserer Anlage. Das war doch so? [Zustimmung] Wo waren denn da die Herrn gewesen, die uns aufgeklärt ham: unsere Anlage ist im Begriff abzusinken? Also war das eine infame Lüge, eine Verlogenheit von diesen Bossen da oben! Ersten Ranges! [Laute Zustimmung, Beifall] Dieser Zahlensalat, ich kann mir die genauen Zahlen nicht mehr entsinnen, wir hatten einen Verlust von über 50 Millionen, und wie war das mit dem Gewinn auf *Schlägel und Eisen*? [Zurufe: 62!] Wenn man die Zahlen etwas zusammenzählt, dann kommt man ungefähr auf 120 eines Skatspiels, ungefähr. Und ich kann mir den Eindruck nicht erwehren, daß von *Möller* und *Rheinbaben*, diese Anlagen, daß da über Nacht, Allerheiligen abends, gepokert wurde! Und wer verliert, der fliegt raus aus dem Rennen! So oder so ungefähr hab ich mir das vorgestellt – und ihr auch, nach meiner Auffassung! [Zustimmung: Richtig! Bravo!] Der zweite Stoß kam mit *Zweckel-Westerhold*. Der Grund: warum, weshalb, wieso – ich glaube, daß von den Kollegen, die hier sind, keiner richtig Bescheid wußte. Es hieß einmal: die Anlage soll aufgestockt werden, zum andern Mal war dies, dann war wieder jenes gewesen – ja was ist denn am Ende eigentlich richtig?! Gar nichts. Und zum Verbundwerk möcht ich noch sagen: die Kohlenvorräte unserer Anlage. Wenn man die Tür aufstoßen würde, wär man auf *Scholven*. Das ist doch ein Problem. Wie kurz, wie dick diese Herrn sind, das sieht man doch. Die geologischen Störungen, die sind bewältigt worden von uns! Die geologischen Störungen sind in deren Köpfe, aber nich bei uns! [Bravo! Beifall] Was hat die Herren dazu bewogen – wie ihr alle wißt, die Stillegung sollte doch *Schlägel und Eisen* betreffen – was hat denn diese Herrn bewogen, auf einmal die Umkehr zu erzwingen? Den Grund dieser Maßnahme – nein, den weiß ich nicht. Feierschichten, die komm auf uns zu. Ich frage den Herrn H. und alle die Herrn da oben: ham Sie schon ein Pfennig bis heute hängen lassen bei den Feierschichten? Sie nicht, aber wir! [Lärm, Zustimmung] Kollegen, da ist ein Heft: das Ruhrgebiet hat Zukunft, so ein braunes Heft, das hat wohl jeder von euch bekommen, nich nur in Gladbeck. Und so schwarz seh ich dat gar nich. Da sichert uns die Landesregierung zu, daß bei Zechenstillegung auch die Wohnung des Bergmannes beziehungsweise des Angestellten erhalten bleibt. [Zwischenrufe] Aber eines möcht ich noch sagen: Wir sind keine Prärie-Hengste [Lachen], die man einmal von eine Weide, die abgegrast ist, auf die andre schicken kann. Wir sind Menschen, von normalem Verstand. Und man soll uns nicht mit Dummn und Dölln vergleichen oder mein, wir wohn da in ein Negerviertel in Amerika. Wir sind aufrichtige, geistig stehende Leute, die gerne arbeiten wolln, aber mit diesem Betrieb und sowas, was da geschehen wird in – in Herne, da sind wir nicht mit einverstanden, Kollegen. [Bravo-Rufe, anhaltender Beifall]

Kollegen, meine Liste der Wortmeldungen ist zu Ende, ich frage, ob noch jemand das Wort haben will.
[Zwischenrufe: Was hat der K. dazu zu sagen! Ja, K.! K.!! Die Gewerkschaft soll ... Große Unruhe]

Der Arbeitsdirektor Herr K. spricht, er hat jetzt das Wort.

Kameraden! [Zwischenrufe] Ich weiß nicht, wem die vielen Pfui-Rufe galten, als mein Name erwähnt wurde. Wenn sie der Person K. galten, dann möchte ich hier deutlich sagen, daß ich lange genug als Gewerkschafter und als Politiker gegen diese Entwicklung im Ruhrgebiet und für den deutschen Steinkohlenbergbau gekämpft habe. [Zwischenrufe: Hört, hört! Proteste. Klingel] Ich weiß, daß oft genug die Kameraden nicht gekommen sind, die damals noch glaubten, sie würden diejenigen sein, die ihren Arbeitsplatz bis zuletzt behalten. [Zwischenrufe] Und in der Not waren sie dann da. Und in dieser Situation war ich auch da, als Politiker und als Gewerkschafter. [Zwischenruf: N bißchen spät, nich!] Und da sollte mir keiner einen Vorwurf machen. [Zwischenruf: Und heute als Stilleger, nich?] Da komm ich gleich drauf. [Lachen] Wer hier mit mir das nicht diskutieren will, der kann das tun. Das weiß jeder ganz genau, das mach ich viel zu oft auf n Versammlungen mit 10 und 15 Kollegen, wo man sich deutlich miteinander aussprechen kann ... [Zwischenruf: Bloß auf *Rheinbaben* hab ich nichts gemerkt] – Nicht in Zurufen auf ner

Massenversammlung ... [Zwischenruf: Dann mach doch keine Schachtanlage still! Du sprichst ja bald so wie der Erhard! Lachen] Wenn das dem Arbeitsdirektor galt, dann hab ich dazu folgendes zu sagen: die Entwicklung hat [Zurufe: lauter!] dazu geführt, daß einfach die Kohle, die heute gefördert wird, und das gilt für alle Bergwerksunternehmen, nicht mehr absetzbar ist. [Ha! Zwischenrufe] Es steht dahinter die Frage, was ist in einer solchen Situation zu tun. [Große Unruhe, Zwischenrufe: Kohlen in die Ostzone! – Red doch nich son Mist! – Bitte, den Arbeitsdirektor, jetzt laßt ihn doch sprechen! – In Gottes Namen, Kameraden. – Das wolln wir gar nich mehr hören! – In die Ostzone mit de Kohle!] Wenn die Bürger der Städte, des Landes und des Bundes, die auf der einen Seite ihr demokratisches Recht für sich in Anspruch nehmen, den Brennstoff zu wählen, den sie verbrauchen wollen, dann ist es ebenso wichtig und ihre Pflicht, auch Zeuge einer solchen Situation wie heute hier zu sein, wenn die Folgeerscheinungen aus dieser freien Entscheidung der einzelnen Verbraucher kommen. Und da soll man nicht allein dem Bergbau die Vorwürfe machen, sondern dann muß man davon sprechen, ob man liberal sich frei entscheiden will als Bürger und damit solche Folgen schafft, oder ob man eine Politik wünscht, die mit Reglementierungen und Ordnungsstrafen dafür Sorge trägt, daß an einer bestimmten Grenze endlich Halt ist, damit wieder Sicherheit einkehrt. Aber das ist die politische Frage. Die Frage in unserem Unternehmen und für mich als Arbeitsdirektor war die: wo steht die Chance, dem einzelnen Kollegen einen, wenn schon nicht seinen Arbeitsplatz zu sichern. Und über die Kurzfristigkeit: es ist das erste Mal, daß eine Entscheidung des Vorstandes nicht über irgendwelche Kanäle, durch Vermutungen und sonstige Dinge gekommen ist, sondern am Tage, nachdem sie gefallen war, den Vertretern der Belegschaft – zu allererst – gesagt worden ist. [Empörung, Zwischenrufe: Wir haben vor Wochen unsere Gewerkschaftszeitung bekommen, *Die Einheit*, da stand *Möller/Rheinbaben* oben! – Warum sprechen Sie jetzt vom 2. November?! – Da war das alles schon klar! – Zustimmung, Bravo!] Zunächst einmal müssen wir klarstellen: der Vertreter der *Einheit* sitzt hier vor mir, daß das keine Liste der *Einheit* oder der Gewerkschaft war, sondern daß sie abgedruckt war aus einer Tageszeitung. [Zwischenrufe, große Unruhe] Es stand dort, es stand dort auch der Name *Schlägel und Eisen* [anhaltende Unruhe], und es war in dieser Situation für jeden Reporter eine Leichtigkeit, aus den Gerüchten in Herten und in Bottrop und Gladbeck herauszulesen, daß da irgendetwas passieren kann. Es ist dann ganz einfach, diese Namen hinzuschreiben und zu erwarten – [Zwischenruf: Der stand oben! Weitere Zwischenrufe] Dann sind alle Namen dementiert worden. Ich weiß nicht, ob für alle Fälle, die dort in der Liste stehn, dieses Dementi in einem halben Jahr auch noch gilt. [Unruhe] *Hibernia* hat klar geantwortet: eine Schachtanlage. Die andere ist damit von dieser Liste gestrichen. [Zwischenrufe: Wie lange? – Unruhe] Wie lange? Auch das ist eine Frage, die wir nicht allein beantworten könn [Höhnisches Lachen, Unruhe, Zwischenrufe] – so lange, so lange wie es möglich ist, noch Kohle abzusetzen. So lange werden wir uns bemühen, auch die Schachtanlagen zu erhalten und in ihnen die Arbeitsplätze unserer Kumpels. [Zwischenrufe, große Unruhe] Ja, wer soll se denn verbrenn? [Zwischenrufe, vereinzelt, dann im Chor: Ostzone! Ostzone! – Anhaltende andere Zwischenrufe: Wenn die Förderung hochgetrieben wird, wie stelln Sie sich denn dazu?] Auch dazu wollt ich etwas sagen, das kann man nämlich auch von er andern Seite sehen und muß man auch mit von der andern Seite sehen. [Zwischenrufe] Nicht der Wille zum Hochtreiben der Förderung ist dabei allein ausschlaggebend, sondern die Tatsache, ob ich in der Lage bin, den Belegschaftsmitgliedern einer stillzulegenden Anlage Arbeitsplätze auf anderen Anlagen anzubieten. Wenn dadurch dort die Förderung nicht hoch geht, dann ist der Arbeitsplatz einfach nicht da! [Zwischenruf: Aber die Kohle ist doch nicht abzusetzen!] Die Kohle ist dann abzusetzen, wenn bei dieser Situation die Förderung ohnehin langsam nach einer Steuerung ... [Große Unruhe anderthalb Minuten lang, Proteste, Klingel. Zwischenrufe: Geh nach Hause auf deinen Posten! – Wie sprichst du denn eigentlich. – Bitte, Ruhe, Kollegen, laßt doch einen sprechen! – Pfui! – Kollegen, ich darf doch wohl um Ruhe bitten, wir wolln unserm Arbeitsdirektor zuhörn ... Es hat jeder Gelegenheit ... Und ich meine, es ist nicht fair, wenn wir jetzt hier aus dem

Haufen heraus anfangen zu schreien ... – Aber ich möchte auch son Direktorposten haben, dann würd ich genauso lügen wie die Herrn auch! – Jawoll! – Bravo! – Kauft doch jedem n Wohnwagen, dann fahrn wir von Schachtanlage zu Schachtanlage! – Lachen. – Ruhe!] Ich habe – ich habe zu einem Punkt inzwischen auch – daß ich, wenn die Entscheidung im Aufsichtsrat negativ ausfällt, mit dem Betriebsrat nicht nur über einen Sozialplan [Zwischenrufe: Aber dann als Gewerkschaftler oder als was?], sondern auch über die Probleme einzelner, besonders hart betroffener Kollegen sprechen werde. [Zwischenrufe, Unruhe] Ich habe hier, was *Scholven* undsoweiter anbelangt, einige Bemerkungen gehört, ich kann sie an Ort und Stelle nicht überprüfen, wie weit die sachliche Richtigkeit besteht, wie weit die Verzweiflung aus den Worten manches Diskussionsredners gesprochen hat. Aber daß wir uns gemeinsam, Betriebsrat und Vorstandsmitglieder, ganz deutlich darum bemühen wollen, Härten so weit wie möglich auszuschalten und die Sorgen in Einzel-Fällen mit den einzelnen Kollegen zu besprechen [Hört, hört!], ich glaube, das kann ich hier zusagen, und darüber wird es zwischen dem Betriebsrat und uns sicher eine faire Vereinbarung geben. [Unruhe. Zwischenruf: Dich holn wir gleich runter, da oben! – Lachen. – Kollegen, Paul: Ein Moment mal! Ich möchte doch mal darum bitten, die Kollegen aufzuklärn, wie der Aufsichtsrat überhaupt zusammengesetzt ist: 10 Arbeitnehmer, 10 Arbeitgeber und ein Neutraler! Wer stimmt denn für uns? Der Neutrale? Für uns? Für uns bestimmt nicht! – Keiner!]

Kollegen, wir wolln hoffen, daß das Letzte nicht eintritt, daß der Aufsichtsrat entscheiden wird zu unserm Guten [Zwischenrufe] ... kleine Hoffnung, aber ich glaube ... [Zwischenruf: Ist doch nur Formsache!] Aber, Kollegen, ich möchte jetzt schon bekanntgeben, daß jetzt am kommenden Mittwoch hier in Bottrop eine Rats-Sitzung stattfindet von den Gemeinden Gladbeck und Bottrop zusamm, in der Berufsschule um 10 Uhr. Und dieses Problem: Stillegung *Möller/Rheinbaben* steht auf der Tagesordnung. Wie ich schon vorhin gesagt hatte, wer sich dafür interessiert, und ich glaube, das sind alle, und alle ham hier kund getan, daß sie irgendetwas unternehmen wolln,

wer dann Zeit hat, soll doch an dieser Rats-Sitzung teilnehmen, weil dort auch die Öffentlichkeit vertreten ist. [Zwischenrufe: Feierschicht einlegen!] Kollegen, das Wort zum Schlußwort hat jetzt unser Betriebsratsvorsitzender August S. Er wird auch in seinem Schlußwort den gestellten Antrag behandeln.
[Zwischenrufe: Ist denn keiner von unserer Gewerkschaft da?! – Im Chor: V.! V.!]
Kameraden – wir ham gesagt: wer will, der kann. [Laute Zwischenrufe] Ihr kennt mich lange genug, Kumpels, wo hab ich angefangn, das wißt ihr doch. Ihr wollt mich doch hier nich wegfegen vom Tisch, das paßt mir nicht, Kameraden, dafür hab ich hier zu früh angefangn auf *Rheinbaben*. Bitte, Kollegen, Willi V. spricht jetzt noch zu euch. [Zaghaftes Bravo]

Meine lieben Kollegen. Ich hätte es gewünscht, daß die letzten Mitgliederversammlungen, die wir von der *Industrie-Gewerkschaft Bergbau und Energie* durchgeführt haben, so gut besucht gewesen wären wie heute die Belegschaftsversammlung. [Zwischenrufe] Vor vier Wochen haben wir hier im *Eigenhof* sehr eingehend von Energie-Politik einiges gesagt, und zwar der Kollege Willi M. Da waren, nicht wahr, von 1000 Gewerkschaftsmitgliedern nur ganze 60 da. Ich glaube, nicht wahr, das muß man einmal sagen, wenn man heute, nicht wahr, vor den Problemen steht. Wenn das Kind in Brunnen gefallen ist, dann, nicht wahr, loszulegen, das ist auch zu spät. Aber dennoch kann ich für die *Industrie-Gewerkschaft Bergbau und Energie* sagen, daß wir hinter der Belegschaft von *Möller und Rheinbaben* stehen, soweit sie gewerkschaftlich organisiert ist. [Zwischenruf: Is ja gar nich wahr!] Und alles tun werden . . . Und alles tuen werden, daß die Probleme dieser Zeit gelöst werden! [Zwischenrufe: Das is nicht wahr! Unruhe] Daß die Probleme dieser Zeit gelöst werden! Bereits im Jahre 1958 war es die *Industrie-Gewerkschaft Bergbau und Energie,* die erklärt hat, daß die Probleme des Bergbaus nur zu lösen sind, wenn der Bergbau in Gemeineigentum überführt wird. [Zwischenrufe: Jawoll! – Und warum habt ihr nix gemacht? Unruhe] Ich bin persönlich der Meinung, wir hätten uns in den Gewerkschaftsversammlungen darüber, nicht wahr, eingehender unterhalten können [Stärkere Unruhe, Zwischenrufe: – gern gekommen, wenn ihr erklärt hättet, wat ihr machen wollt!] – sagen, der Vorstand der *Industrie-Gewerkschaft Bergbau und Energie* hat also rechtzeitig auf diese Situation hingewiesen. Und da waren es die Unternehmer, die der Regierung [Unruhe] – und auch die Unternehmer waren es, die der *Aktionsgemeinschaft Deutsche Steinkohle* zugestimmt haben und erklärt haben, daß damit die Probleme des Bergbaus gelöst werden. Ich darf also noch einmal sagen oder viel mehr, ich will fortfahren. Wir haben also seit 58 unsere Stimme erhoben und auch jetzt erklärt, daß durch die Schaffung einer Einheitsgesellschaft die Probleme des Bergbaus gelöst werden können. Ich hoffe nur, daß die Mehrheit der Belegschaft von *Möller/Rheinbaben* hinter diesen Forderungen der Gewerkschaft steht. Zur Situation ist selbst zu sagen, daß wir selbstverständlich jede der hier abge- äh, der hier beschlossenen Aktionen voll und ganz unterstützen. [Matter Beifall]

Das Schlußwort hat der Kollege August S.

Kameraden, ich glaube, wir hatten ehrlich einmal gefordert, der Kollege und Arbeitsdirektor Heinz K. soll an de Theke, Willi V. soll an de Theke. Und dann habt ihr versucht, sie wieder so runterzuhaun. Kameraden, das hat doch keinen Sinn. Wenn ihr schon fordert, daß se sich zu Wort melden – und ich finde, es hat sich keiner gescheut, von keiner Seite, hier oben sein Wort zu machen – dann finde ich es nicht mehr wie recht und billig, Kameraden, daß man ihn es auch machen läßt. Kollegen. Ich habe heute mit meiner Frau darüber gesprochen und gesagt: »Vor 4 Uhr brauchst du mit mir nich rechnen. Laß das Essen man in e Bratkasserolle stehn, ich komm vor 4 nich nach Haus.« Ich muß aber feststellen, Kameraden, es is 12 Uhr – ihr seid ausgebrannt. Es kommt nichts mehr. Und auf der andern Seite versucht ihr denjenigen noch, der sich hier oben bereit erklärt, sein Wort zu machen, runterzufegen. Kollegen, das is nich sachlich, das is nich fair. [Zwischenrufe] Ihr könnt aber auch hergehn und sagen: »August, auch dich fegen wir da oben weg.« Kameraden, das schafft ihr nicht, dazu bin ich hier alt genug. Ich bin hier n alter Fuchs, ich bin hier n alter Hase, und das schafft ihr nich, daß ihr mich hier von e Theke runter ... [Unruhe, Zwischenrufe] – Denn was passiert is, Kameraden, und das sag ich hier ganz offen und ehrlich, geht mir genauso an e Nieren wie euch, und mir vielleicht noch stärker als manchem, der da hinten gestanden hat und das große Wort gemacht hat. [Matter Beifall] Mir noch viel, viel stärker. Laßt mich das hier einmal ganz trocken sagen. [Zwischenruf: Ich möcht noch wat sagen!] Kollegen, laßt mich darin weiterfahren. Ich laß mich doch auch nicht – Kollegen, laßt mich weiter. Hier ist doch ein Antrag gestellt worden, und dieser Antrag wird hier abgestimmt. Und der Antrag beinhaltet, daß wir vom Betriebsrat eine Delegation zum Landtag hinschicken solln und diese Delegation in der Landesregierung vorstellig und die Vorstellungen unserer Betriebsvertreter und die Meinung unserer Belegschaft darlegen soll. Um noch zu retten, was zu retten ist, wenn es überhaupt noch möglich ist, Kollegen. Dieser Antrag ist gestellt worden, und ich stelle diesen Antrag zur Abstimmung. Wer dafür ist, daß wir das tun, den bitte ich um das Handzeichen. [Laute Rufe: Alle! Alle!] Die Gegenprobe, Kameraden. Wenn wir schon Demokraten sind, dann wolln wir auch richtig verfahren. Stimm-Enthaltung? Keine. [Zwischenrufe: Ab nach Düsseldorf!] Einstimmig angenommen, Kollegen. [Zwischenrufe: Wir wolln auch mit!] Ich muß, und das sag ich mit aller Offen- und Ehrlichkeit, Kollegen, ganz ehrlich und aufrichtig noch einmal sagen: ich habe die Hoffnung, und ich wünsche, daß dieses nicht unsere letzte Betriebsversammlung sein möge. Wenn es so ist, Kollegen, daß im April, am 1. April, die Schachtanlage *Möller und Rheinbaben* nicht mehr besteht, dann hätte ich die Befürchtung, daß es unsere letzte wäre. Aber ich muß hier nochmal ganz ehrlich sagen, Kollegen: ich habe noch Hoffnung. Und ich werde mich auch dafür einsetzen, und ich weiß, daß es meine Kollegen genauso tun, daß wir das, was noch zu retten ist, retten wollen und retten werden. [Zwischenruf: ... gegen den Aufsichtsrat!?] Ihr kennt die politischen Dinge, und es ist hier mehr wie einmal angeklungen – es war schon n bißchen hart für ne Belegschaftsversammlung, Kameraden, aber ich habs ja selber getan – aber das sind die Kernprobleme, Kollegen, und wenn wir vom Bergbau sprechen, und wenn wir vom Bergbau das sagen, was hier zu sagen war, dann sage ich: diese Fragen gehören als Politikum in den Raum, wo sie zu behandeln sind. Wir können uns drehen wie wir wollen, Kameraden: 20 Millionen Tonnen Kohle Stein, äh, Steinkohle auf Halde ist ne gewaltige Menge [Zwischenrufe], Kameraden, und Schachtanlagen zu schließen, ist keine einfache Sache. Und wenn das kommt, was erwartet wird – wenn sich die *Aktionsgemeinschaft Deutscher Steinkohlen* wirklich gründen sollte – und die Liste wird vielleicht in vier Wochen oder auch in ein oder zwei Monaten veröffentlicht, Kameraden, dann hab ich das Gefühl, und dann tun mir die Kumpels leid, die davon noch betroffen werden. Man ist ja heute wirklich schon so weit, daß man sagt: Mann, Mann, wenn es mal kommt, dann lieber noch eher, als daß wir die zweiten und die dritten sind. Denn wir haben vielleicht noch die Möglichkeit, den einen oder andern zu vermitteln und ihm n Arbeitsplatz zu sichern, nicht seinen Arbeitsplatz, wie der Arbeitsdirektor Heinz K. sagte, aber einen Arbeitsplatz. Aber ich habe Sorgen und echte Sorge, Kollegen, wenn das kommt, daß 17 bis 20 Schachtanlagen noch geschlossen werden solln, dann frag ich mich, wo die 40, 60 Tausend Menschen hin solln. Das ist meine echte Sorge, die ich habe, Kollegen. Und wenn das kommt, dann wird vielleicht nicht genug Wasser im Rhein sein, um den Brand zu löschen, der da kommt. [Zwischenruf: Die solln nich mehr Ausländer reinholn!] Aber in einem Punkt, Kollegen, sollten wir uns im Klaren sein, mit Schreierei, mit Rabatz und allem Dit und Dat können wir die Dinge nicht verändern. [Zwischenrufe] Gerade in *Bismarck*, Kollegen, ich war da gewesen, ich weiß nicht, ob viele von euch da warn, ich war in *Bismarck*. Wir ham die schwarzen Fahnen getragen und ham se wieder zusammengerollt und sind nach Haus gegangn und ham gesagt: »Wir sind ja nich dran . . .« Kollegen, das sind Dinge, die müssen hier einmal ganz offen und ehrlich angesprochen werden. Und auch, was Willi V. gesagt hat. Wir ham Versammlungen über energiepolitische Fragen gehabt, und wir warn mit 30, 40 Mann, Kollegen, und immer dieselben, und ausgelacht ham se uns noch: »Verrückten Kerle! Was rennste da hin. Was machste da . . .« Die Familie hat dadrunter gelitten und alles andre. Und diejenigen, die außerhalb gestanden ham, die fangn jetzt an und wolln hier Palaver machen. Kollegen, ich habe vorhin gesagt, mir geht das Ding genauso nah wie euch. Aber ich sehe nicht ein, daß alles verloren sein sollte. Und was noch zu retten ist, Kollegen, da könnt ihr euch drauf verlassen, da kennt ihr mich lange genug für, das werden wir tun, und das werde ich tun. Ich möchte nochmals, Kollegen, recht herzlich danken für die Diskussionsbeiträge, die hier geleistet wurden. Ich möchte dafür danken, daß man sich – ob ihr jetzt schreit oder nicht, Kollegen – ehrlich und offen, auch vom Vorstand hier hingestellt hat und hat seine Diskussion geführt. Ich möchte allen danken, Kollegen, die sich hier hingestellt haben, oben, und ihr Wort gemacht haben. Denn, hier oben steht man nackend, Kameraden, da unten, in der großen, breiten Masse is es ja wie aufm Fußballplatz, da kann man sagen: jetzt mußte die Flanke nach links oder nach rechts legen. Aber hier, Kollegen, steht man nackend hier oben. Nochmals, Kameraden, herzlichen Dank. Was wir tun könn, tun wir noch. Hier ist noch einmal gesagt worden: Mittwoch, gemeinsame Ratssitzung hier in Bottrop. Wir werden diese Woche zum Aufsichtsrat hingehn, mit m Aufsichtsrats-Vorsitzenden und mit m Stellvertreter verhandeln. Wir werden darüber hinaus das, was hier beschlossen wurde, zum Landtag nach Düsseldorf fahrn. Wir werden alles versuchen, was in unsrer Macht steht. Nur, hängt mich nicht auf, Kameraden, wenn es nicht geklappt hat. Nochmals, Kameraden, herzlichen Dank. Unsere Versammlung ist geschlossen. [Matter Beifall]

# Epiloge

HERBERT Also, die ganze Versammlung ...

LUDWIG ... war richtiger Kokolores. Für die *Hibernia*, die Geschäftsführung, die von oben runterkam, is det doch schon klipp und klar gewesen: es wird stillgelegt und fertig.

HEIDE Das ist schon lange ne beschlossene Sache gewesen, da konntet ihr gar nichts machen. So von heut auf morgen.

LUDWIG Man hat ja auch den Doktor S. darauf angesprochen, daß er am 26. August in de Turnhalle gesagt hat: »Wir sind stabil für 20 Jahre!«

HEIDE Dat stand ja auch in der Zeitung.

LUDWIG Stand in der Zeitung, überall. Und jetzt auf einmal, Hals über Kopf: Feierabend. Dieser Brief, den wir da gekriegt ham ... Da hat man 16 000, 16 Millionen – 16 000, nicht?

HEIDE Nee, 16 Millionen.

LUDWIG 16 Millionen investiert, um den Schacht auszubauen, die Brech-Anlage, alles neu zu machen ...

HEIDE Im vergangenen Jahr noch, für die neuen Großraumwagen, wo ihr den Urlaub nehmen mußtet.

LUDWIG Paradox, alles paradox ... Voriges Jahr, August – und dies Jahr geht alles in de Brüche. Eine reine Politik-Sache ist das, von meiner Seite aus gesehen, wenigstens. Von Anfang bis Ende Lug und Trug.

HELGA Bloß mit *Rheinbaben* is dat sowieso nich getan. Dat is n Anfang. Euch wolln se ja noch unterbring, ihr habt vielleicht noch ne Möglichkeit zu arbeiten ...

LUDWIG Wo denn? Wo? Der Mann hat ja öffentlich gesagt: »Es sind noch 20 weitere Schachtanlagen, die zugemacht werden!«

HERBERT 6 000 Tonnen müssen wir täglich drosseln, deshalb wird stillgelegt. Die Leute werden verteilt auf andere Schachtanlagen. Jetzt stell dir mal vor, da kommen 500 Mann hin, die andern zwitschern ab in andere Berufe, wat meinst du denn, um wieviel Tonnen die Förderung steigt? Solln wir uns da unten hinsetzen und schlafen?

LUDWIG Ja, datselbe kommt raus!

HERBERT Die Förderung geht sogar noch höher! Und der Endeffekt bleibt: wieder auf 38 000 Tonnen. – Wo is denn jetzt der Verdienst dabei?

LUDWIG Bei denen, beim Boß! Der spricht nur von Kohlenhalden, aber das Geld, was die für eine Stillegung kriegen, da spricht keiner von.

HERBERT Von de Montan und Bund kriegen die ihr Geld. Für jede nicht geförderte Tonne Kohle soundsoviel Mark. Weißt du wieviel?

LUDWIG Nee. Aber deswegen läuft jetzt das Gerücht rum, *Rheinbaben* will bis März pro Mann und Schicht auf 6 Tonnen kommen.

HERBERT Könn se kommen.

LUDWIG Ich war vor 14 Tagen zur Untersuchung, da warn 2 Mann wegen Einstellung da. Wir haben uns noch unterhalten. »Ich kann nirgends Arbeit finden im Baugewerbe«, sagt der, »ich hab Maurer gelernt«, sagt er, »der da hat Schlosser gelernt. Ich bin gezwungen, auf e Zeche zu gehn.« Da stellt man Leute ein, auf e selbe Schachtanlage, und uns entläßt man ... Und hinterher geht man hin und sagt: »Hör mal du, Kamerad, du hast zu viel krank gefeiert, du wirst abgeschoben. Du hast n Nierenleiden, und du hast ne halbe Leber weggeschnitten gekriegt, da kannst du ja nichts für, aber wir könn dich nicht leiden. Und deine 4 Kinder, die sollst du woanders satt kriegen. Weg. Entlassen.«

HEIDE Ich wär bestimmt sehr dafür, daß er umschulen würde, aber ist ja überhaupt keine Arbeit im Moment ...

LUDWIG Wie dieser junge Mann heut sagte: »26 Jahre, laßt mich die Wohnung und gebt mir ne Umschulung, dann bin ich mit 30 fertig. Wenn ich jetzt aber umzieh nach *Scholven*«, sagt er, »dann bin ich 3 Jahre da oder 4, dann bin ich 30 – und dann soll ich umschulen? Wenn ich fertig bin, bin ich 35, wer will mich dann noch haben?« So is es doch.

HERBERT Wo soll ich als umgeschulter Schlosser, als Elektriker hin? Es sind doch im Bergbau genug Fachkräfte. Wenn so ein Mann jetzt gekündigt wird, der springt in seinen Beruf zurück. Und zu mir heißt es nachher: »Wat sind Sie denn?« »Ich hab umgeschult, als Schlosser oder Elektriker.« »Könn wir nicht gebrauchen ...« Kommt der Mann an, der seine Lehre hat, dreijährige Lehrzeit, Lehrbrief, der Mann wird doch bevorzugt, nich.

HELGA Das is ja, was ich auch immer sag!

LUDWIG Sicher! Uns hat man gesagt: »Liebe Kameraden, für die Umschulung kriegt ihr 90 Prozent von eurem Verdienst . . .«

HELGA Der von Doris hat 58 Mark in der Schicht!

HERBERT Dann hat er 90 Prozent von seine 58 Mark, wa?

LUDWIG Nee, von seinem Tarif, von 33,74 Mark! Deswegen sagt man eben, die kriegen keine 90, die kriegen 70 Prozent!

HELGA Und dat wird alle die Männer betreffen, die mal umschulen müssen. Wo soll denn die Arbeit herkommen? Die holn sich dat ganze Volk von überall rein, die schlucken dat ganze Geld, und wir müssen dafür zahlen!

LUDWIG Und wenn wir nicht unterschreiben und nicht mitmachen, dann kriegen wir eine Räumungsklage, dann kriegen wir den Gerichtsvollzieher ins Haus . . .

HELGA Der kleine Mann ist immer der Dumme.

LUDWIG Da hab ich mich mit ein unterhalten, älterer Mann, 58, der hat früher mit dein Vatter gearbeitet, auf *Stinnes.* »Ihr dürft nicht so schwarz sehen«, sagt er, »wir haben das früher auch gehabt.« Ich sag: »Kollege, ihr habt einen Stall gehabt, ihr habt Land gehabt, du hast vorhin selber zu mir gesagt, wo die Erwerbslosenzeit kam, da habt ihr nicht 2 Schweine, sondern 3 Schweine gehalten.« Ich sag: »Ich hab heutzutage eine Neubauwohnung. Ich hab kein Schwein, keine Hühner, kein Land . . .«

HELGA Dat stimmt schon, ich muß heute alles kaufen. Aber sein wir mal ganz ehrlich: so gekrückt wie die alten Leute haben – ich möchte das nicht.

HERBERT Aber was jetzt auf uns zukommt . . .

LUDWIG Dat is es ja, dat Ungewisse!

HERBERT Und solang man noch ne Kuh auf de Weide hat . . .

HELGA Ich soll mich dann placken, von morgens bis abends!

LUDWIG Früher, wo wir noch die Hühner hatten, wo die Siedlung uns das noch nicht verboten hatte, da haben wir 3,60 Mark in der Woche gegeben, und da haben wir 30 Eier gekriegt!

HELGA Ja, und wer hat die Arbeit gehabt?

LUDWIG Das warn die Frauen, gut. Aber habt ihr nicht Spaß gehabt, für 3,60 Mark 30 Eier? Das kriegt ihr doch heute nicht mehr. Man nimmt uns ja alles weg.
HELGA Was hat denn unser Vatter davon gehabt, der is mit 56 Jahre gestorben – was hat er davon gehabt? Gar nichts!
LUDWIG Mein Gott, dein Vatter war eben krank!
HELGA Krank? Nur durch seine Maloocherei!
LUDWIG Aber früher, wo die Stillegung und die Kurzarbeit war, da hat jeder sein Hobby gehütet.
HELGA Hobby?
LUDWIG Da wurde der Kappes aufs Land gemacht und dies und jenes. Wir haben davon gelebt. Da hat n 100-Liter-Faß davon im Keller gestanden und ein 50-Liter-Faß Schnibbelbohnen, wir hatten ein Schwein im Keller, unsre Hühner hatten wir und unsre Karnickel. Was bleibt uns denn heute? Heut müssen wir ja alles kaufen! Und bequem sind wir geworden.
HELGA Das hat damit gar nichts zu tun! Ich meine, wenn ein Mann 8 Stunden schwer gearbeitet hat und soll dann noch weiß Gott wie maloochen, das ist doch überflüssig. Warum solln die Dicken et denn oben so gut haben, warum solln wir et denn so schlecht haben, warum solln wir uns denn totmaloochen?
LUDWIG Wir sind doch nur der kleine Mann, wir sind doch drauf angewiesen!
HELGA Und der bleiben wir ja auch. Man hat uns ja den Strick um n Hals gelegt: entweder reißt ihr eure Ställe ab und schafft euer Viehzeug weg oder ihr fliegt aus de Wohnung raus. Mit was für n Recht überhaupt?
HEIDE Wenn *Rheinbaben* jetzt zugemacht wird, wir haben doch alle ne *Rheinbaben*-Wohnung, was meinst du, wie schnell unsere Mieten in die Höhe gehen.
HERBERT Die gehn nicht hoch.
HEIDE Das garantier ich dir, mindestens um 25 Prozent.
LUDWIG *Bismarck* hat man stillgelegt und hat den Leuten gesagt, eure Wohnungen sind an die Stadt verkauft. 2 Monate später hat jeder ne Mieterhöhung von 30 Mark gekriegt.
HELGA Die Stadt ist mit Mietserhöhungen eigentlich noch human …

LUDWIG Dat nutzt doch nix. Das Kapital schlagen die raus. Wenn ich den ganzen alten Schwindel aufkaufen sollte, dann seh ich doch zu, daß ich das Geld, was ich reingesteckt habe, so schnell wie möglich rauskriege.

HERBERT Da gibts Bergschäden und so weiter ...

LUDWIG Wer hat denn heutzutage noch Verlust? Der einzige, der Verlust hat, sind wir. Wir haben uns schließlich die Wohnung hier eingerichtet. Ich hab meinen Fußboden gelegt, ich hab meine Spalierwand eingezogen, ich hab die Türgriffe eingebaut – im Grunde stecken hier 3 000 Mark drin. Jetzt zieh ich aus: ich kann doch nichts mitnehmen! Folgedessen muß ich sagen: »Hör mal, Kamerad, gib mir 40 Mark, und denn laß ich alles drin.«

HERBERT Wir sind ja sowieso immer die Dummen.

LUDWIG Wie der junge Mann da in der Versammlung gesagt hat: zweimal is er schon umgezogen, der hat von oben, von dem Balkon, runtergerufen: »Sind wir denn Zigeuner?«

HERBERT Der eine war gut, sagt: »Kauft uns jeder n Wohnwagen, und dann ziehn wir!«

LUDWIG Aber mal was anders. Jetzt gehn wir dahin, nach den neuen Pütt, meinst du vielleicht, ich komm noch mal inne Strecke rein?

HERBERT Ja sicher kommst du da inne Strecke rein.

LUDWIG Ich, nee. Und du auch nich. Wir komm inne Vorrichtung rein.

HERBERT Da haste auch Tarif.

LUDWIG Hab ich Tarif, aber mehr nich. Wo sind denn meine 38 oder 40 Mark, die ich heute hier aufm Pütt verdien? Die sind doch weg. Die Leute, die von *Scholven* oder *Zweckel* zu uns nach *Rheinbaben* rüberkommen und sagen: »Wir warn in ne Strecke, wir haben die und die Arbeit schon verrichtet ...« Sagt der Steiger: »Ein Moment mal! Nee, nee, in die Strecke, da kommste nich. Wir haben selbst ne Stamm-Kolonne.«

HELGA Wenn das Geld wenigstens n bißchen gerecht verteilt würde. Daß die da soundsoviel Million oder Tausend schlukken dürfen, ohne was für zu tun, ich meine, das geht nicht.

LUDWIG Alles Schwindel is det doch. Wir könn ja noch froh sein, daß wir so einigermaßen leben. Aber den dicken Herrn gefällt nich, dat wir auch Fernsehen gucken, daß wir auch

Auto fahren, und dat wir auch da nach de Costa Brava hinfahrn in Urlaub, dat gefällt denen ja alle nich ... Wer weiß, wie lang uns dat noch gewiß ist. Morgen ist vielleicht alles schon vorbei.

HEIDE Und woran kann ich heutzutage sparen? Nur indem ich meine Kinder das Fleisch vom Teller hole.

HELGA Und haste det Geld liegen, geht man sowieso wieder dran, dann braucht der n paar Schuhe ...

HEIDE Aber schlecht geht es uns noch nicht.

HERBERT Das alte Sprichwort heißt: zum Leben zu wenig, zum Sterben zu viel!

HELGA Ach, das ist ja wieder übertrieben. So manches können wir uns doch leisten, was früher die Leute nicht konnten.

LUDWIG Na, dann is gut! Dann laß uns mal heut abend ausgehen, dann zieh dich mal schick an!

HEIDE Tja, was sollt ich denn anziehen?

LUDWIG Geh du doch mal nach den Frisör, dann sagst du: »Weißt du, Papa, ich hab 20 Mark ausgegeben, aus dem Abend wird heut nichts, wir könn heut nicht in de Wirtschaft gehen.«

HELGA Na, du bist anspruchsvoll. Wir wolln dat gar nich.

HEIDE Nee ... Wenn wir unser Auskommen haben, unsre Familie ist versorgt, und wir können uns schon mal ab und zu was erlauben ...

LUDWIG Fernsehen gucken, Fläschchen Bier trinken – wat?

HELGA Wenn ihr meint, dat die Alten es früher so gut gehabt hatten, die Alten konnten sich noch nicht mal das Fläschchen Bier erlauben.

LUDWIG Unter »gut gehen« versteh ich, daß ich vernünftig gekleidet geh, einen normalen Lebensstandard hab und nebenbei noch etwas, damit ich meine Frau mal vernünftig ausführen kann. Das versteh ich unter einem normalen Menschenverstand und einem normalen Leben, und nichts weiter.

HERBERT Man müßte 64 sein ... Keine Sorgen mehr, man hätte sein Geld. Mein Onkel, der liegt da im Bett zu Hause, 980 Mark Rente – is denn sowat ne Gerechtigkeit?

HEIDE Aber der kann nich laufen ... und dafür hat er doch die ganzen Jahre geschafft!

HELGA Ich gönn dem ja seine Rente, aber so ne Familie mit 4 bis 5 Kindern hat bloß 600 Mark.

LUDWIG Ich kann nicht verstehen, daß die heute monatlich 90 Mark auf die Rente draufknallen und bei uns vielleicht 2 oder, wenns hochkommt, 7 Prozent Lohn-Erhöhung geben ...
HERBERT Tja, was hast du denn von deine Lohnerhöhung?
HEIDE Ich hab davon nichts gemerkt.
HERBERT Ich hab was von gemerkt – höhere Steuern!
LUDWIG Mir ist jetzt ein Invalide begegnet. »800 Mark«, sagt er, »hätten die mir lieber früher, vor 40 Jahren jeden Monat 800 Mark in die Hand gegeben, wo ich meine Möbel anschaffen mußte, wo ich meine Kinder klein hatte – da mußt ich hingehen, mußt ich kratzen, konnt ich mir keine Flasche Bier erlauben. Heut, wo ich n halbtoter Mann bin, kann mein Schnäpschen nich mehr trinken, darf keine Zigarette mehr, dies nich und dat nich – wat soll ich denn mit dem Geld? Wat bleibt mir anders übrig: dem Sohn 200 Mark geben, dem andern 200 – und für mich der kleine Rest. Damit komm ich über die Runden.«
HELGA Und dann ist die Ungerechtigkeit noch groß. Ein Witwer, der kriegt vielleicht 900 Mark Rente, aber die Witwe, die hat genausoviel maloocht, die kriegt nur 550!
HERBERT Nee, die hat nich so viel maloocht.
HELGA Ach! Unsre Mutter ist mit 50 Jahren gestorben. Was unsre Mutter gekrückt hat, soviel hast du noch nich gearbeitet!
LUDWIG Die ganzen Jahre, die du maloochen gehst, macht die Frau doch deine Tasche fertig. Die steht auch morgens auf!
HERBERT Ja, na und? Hinterher geht die wieder im Bett.
HEIDE Und wie oft gehst du ins Bett und deine Frau ist noch auf! Wenn du zum Beispiel um 4 Uhr morgens anfangen mußt, dann gehst du abends um 6 ins Bett, aber deine Frau muß noch arbeiten, die ist noch nicht fertig.
HERBERT Dafür muß ich ja schlafen, daß ich morgens fit bin.
LUDWIG Die Frau hat den gleichen Anteil.
HELGA Ich muß ja deine Kinder groß ziehen!
HERBERT Wer ernährt die denn?!
HELGA Du bringst dat Geld nach Hause – und wer hat die Arbeit?
LUDWIG Ich hab gestern die Samstag-Zeitung nachstudiert, ich bemüh mich schon um andre Arbeit, nich. Da hab ich mir die Stellenangebote angeguckt, weiß du was: jetzt schick ich

mal meine Frau malochen, und ich bleib zu Haus. Die findet ne Stelle und verdient mehr Moos wie ich auf e Zeche.

HELGA Wenn ich gehen würde, arbeiten, irgendwie, nach n Haushalt – so viel Geld würdest du gar nicht nach Hause bringen!

HEIDE Ja, die Feierschichten ...

HERBERT Der Italiener sagt nur: »Hoffentlich ist Feierschicht, hoffentlich ist Feierschicht!« Der kriegt seine Feierschicht vom Staat mit 90 Prozent bezahlt!

HELGA Und warum laßt ihr euch dat gefallen?

LUDWIG Wat solln wir machen? Dat is doch unsere schöne Völkerverständigung ... Entwicklungshilfe!

HELGA ... möcht mal wissen, wo man entwickelt!

LUDWIG Der Bauer da, der Lübke, der fährt einmal nach Ostasien hin, da sagt er: »Weißt du wat, du kriegst 60 Millionen.« Dann kommt er zurück und sagt: »Hier, Erhard, unterschreiben.« Weg sind die 60 Millionen. 60 Millionen hier im Lande ausgeben und Arbeit wär genug ...

HERBERT Wo werden die 60 Millionen denn unterschrieben?

LUDWIG Im Bundestag.

HEIDE Die machen Versprechungen und wissen nachher nicht, wie sies Geld eintreiben solln.

LUDWIG Und der Steuerzahler kriegt die Quittung. Im Fernsehen ham sie gebracht: die wollen uns sogar das Zweit-Kinder-Geld knöppen, vom dritten Kind ab erst ...

HERBERT Nee, die wolln jedes Kindergeld knöppen!

LUDWIG Dadurch haben sie 1,8 Millionen Mark jährlich wieder in ihre Tasche. Dafür können wir die unterentwickelten Länder wieder etwas geben.

HEIDE Nee, für die is unser Kindergeld nicht, det is für hier, für die Bundeswehr!

HELGA Für Kanonenfutter!

LUDWIG Dat beste Beispiel haste doch mit den Schwager. Der hat Krebs, dem wird der Arm abgenommen, dann sagt man: »Hier Junge, haste 400 Mark.«

HELGA Das is ja wieder was andres!

LUDWIG Ach was, ein Starfighter kostet 6 Millionen Mark, für diese Millionen kann man ein Krankenhaus einrichten, wo diese Leute geheilt werden!

HEIDE Der kostet doch viel mehr, über 60 Millionen!

LUDWIG Na gut, stellt euch mal vor: für 60 Millionen, da richt ich ein Krankenhaus ein, da kann ich alles machen! Und dieser arme Mann muß jetzt hingehen und muß darunter leiden, weil für ihn keine Rettung, keine Hilfe ist. Hätt er das Geld, würd er hingehen, würd er hinfahren nach Amerika, würd sich operieren lassen.

HELGA Na, ob er geheilt würde, das wär auch noch fraglich.

LUDWIG Bei dem jungen Leben!

HEIDE Doch, das stimmt, dafür sollte man viel mehr Geld anlegen als für was wie Rüstung, die ganz unnütz ist.

HELGA Na, was solln wir dran machen?

LUDWIG Was hat man in *Bismarck* gemacht? Da sind se auf den Straßen rumgerannt, rumgelaufen, Theater gemacht, alles ...

HELGA Oben, die Regierung, wenn die nicht will, kann das sowieso nichts werden.

HERBERT 20 Schachtanlagen werden noch stillgelegt. Jetzt wird aufgerufen: Protestmarsch.

HELGA Na und, was haben die davon? Bei *Bismarck* und überall ...

HERBERT Moment! Da war ja noch gar nicht akut, daß hinterher noch mehr drankommen. Nur die unrentablen, hieß et. Aber heute! Wie der vom Hauptvorstand gesagt hat: » ... die Mechanisierung habt ihr eingebracht, ihr habt gut gearbeitet und so weiter, und jetzt – könnt ihr abwichsen!« Nich. Wenn jetzt ein Protestmarsch oder wat, irgendwiewat nach Bonn, kommt, denn sind die andern 20 Schachtanlagen auch dabei, oder 30, wat wir haben, im Ruhrgebiet. Dann sind die dabei. Wir marschieren mit.

LUDWIG Ja, dat muß sein.

HERBERT Wie uns das Messer nich an die Kehle war, da haben wir gesagt: »Och, was solln wir da, is doch wurscht, wir sind doch nicht dabei.« Is keine Sau hingegangen.

HEIDE Und wer weiß, ob die nächste Schachtanlage, wo du anfängst, nicht eine von die 20 sein wird ...

LUDWIG Dat is ja die Ungewißheit eben.

HERBERT Ja, laß uns doch selbst mit beigehen!

HEIDE Meinst du, damit erreichst du was?

LUDWIG Für die Herren ist *Rheinbaben* doch stillgelegt, und jetzt kannst du laufen, und jetzt könn wir alle laufen, wohin wir wollen, wir erzielen nichts mehr. Und Streik . . .
HERBERT Auf jeden Fall!
HEIDE Dat nützt doch nichts.
LUDWIG Ja, wat meinst du, wat der Arbeitgeber sich die Hände reibt, wenn wir jetzt anfangen zu streiken . . . Ein Streik wohl, aber der Geschäftsmann muß mit auf die Straße laufen, nich nur der kleine Kacker, auf deutsch gesagt.
HEIDE Der geht aber gar nicht mit.
HERBERT Der geht mit!
LUDWIG Hier der kleine Schmidt, der sein Geschäft im Trocknen hat, den zu einen Aufruhr bewegen? Der sagt: »Seid ihr wohl verrückt? Ich mach mir doch mein Geschäft nicht kaputt.«
HEIDE Die Leute sind viel zu bequem. Jeder denkt nur an sich selber.
LUDWIG Das ist es ja. Weshalb geht man denn jetzt hin, so wie hier auf *Ruhrglas*, und schickt den Leuten die Kündigung ins Haus, warum?
HELGA Kündigung muß ins Haus geschickt werden, sowieso. Ich kann sonst sagen, ich hab die nicht gekriegt.
LUDWIG Ich kann als Arbeitgeber auch zu den einzelnen hingehen: »Komm Sie heut nachmittag auf mein Büro . . .« Schriftliche Kündigung kann ja sein, aber die machens nicht, damit dat Volk auf dem Werk nich rebellisch wird!
HERBERT Nich rebellisch wird? Ja, wat war denn heute, auf der Versammlung?
LUDWIG Dat kann man doch gar nicht zum Vergleich ziehen.
HERBERT Na, aus mein Standpunkt aus gesehen: dat gibt n Knall.
HEIDE Wegen heute?
HERBERT Hundertprozentig!
HEIDE Dat glaub ich nicht.
LUDWIG Da is der Pütt gar kein Volk für. Wie der eine schon dazwischengerufen hat und hat gesagt: wir solln dat machen wie in Belgien oder in Frankreich – dann ja.
HERBERT Nicht wie in Belgien oder in Frankreich, wie in Köln. In Köln die Studenten! Bei der Straßenbahnerhöhung!
HELGA Wat ham die damit ereicht? Gar nichts ham die er-

reicht. Die zahlen ganz schön ihre Straßenbahn wie wir auch! Wenn dat Volk nicht zusammenhält, ein einzelner kann sowieso nichts machen.

LUDWIG Wann sind die da alle nach Bonn marschiert, 56? Da hat doch der Betriebsrat, der K., den ganzen Aufschwung gebracht. Und hinterher is man hingegangen und hat gesagt: der Mann war politisch, den müssen wir an de Seite stellen. Der hat Unfrieden gestiftet und weg damit. Dem ham se Angebote gemacht, einen Posten im Aufsichtsrat, Fahrhauer, Steiger – das hat der alles abgelehnt. Nur aus dem einen Grund: wenn ich das bin, könn sie mich fristlos rausschmeißen, kündigen. Aber solange ich Betriebsrat bin, könn se das nich. Da haben sies anders versucht, da ham sie gesagt: »Du bist rot angehaucht, du bist kommunistisch, du bist mit de Ostzone zu viel zusammen, also infolgedessen müssen wir dich abschieben.« Und da sind seine ganzen Schreier mitgegangen, in Prozesse rein, da hat man gesagt: »Ihr verliert eure Arbeit.« Und dann sind die Leute abgesprungen: »Damit will ich nichts zu tun haben, nee, nee, ich will ja meine Arbeit behalten.« Jetzt steht er allein da ...

HELGA Und der kleine Mann, der soll jetzt hingehn, der soll die Klappe riskieren, daß man hinterher sagt: der Doofe. Son kleiner Gewerkschaftler, der kann ja eigentlich auch nicht viel machen.

HERBERT Aber die Gewerkschaft könnte irgendwie durch unsre Gelder schärfer einschreiten, dat is klar.

LUDWIG Der Arbeitsdirektor ist ja nachher dazu übergegangen, sagt er: »Kameraden, Ruhe, ich werd schon für euch was tun.« Was ham se denn bis jetzt für uns getan? Und er is doch unser Arbeitsdirektor! Er muß doch dafür sorgen, daß irgendwas gemacht wird.

HERBERT Der sorgt nur dafür, daß der Pütt vollbesetzt ist. Und wenn der Pütt geschlossen wird, sorgt er dafür, daß die Leute unterkommen. Also, warum pfeifen die den Mann aus? Denn wenn der Vorstand von de *Hibernia* det auf eigene Kappe genommen hat, zumacht, ohne Aufsichtsrat, ohne Betriebsrat – da kann ich aber nicht von den Arbeitsdirektor fordern, daß er hingeht und sagt: ich garantiere für eure Arbeitsplätze und so, dat kann ich dem Mann nicht aufhalsen.

HEIDE Nein, dafür ja nicht.

HERBERT Andererseits: die Bonzen, den Aufsichtsrat, de Direktion, die kann man irgendwie wat unter de Weste schieben. Die kann man auspfeifen, ausboxen, rausschmeißen oder wat vielleicht noch. Aber nich einen Arbeitsdirektor! Erstmal gehn se hin, wolln ihn hören, und dann gehn se hin und sagen: buh, buh.

LUDWIG Das war nich richtig.

HEIDE Ja, meinst du denn, die Arbeitsdirektoren oder die Herren die heute da waren, das warn die Oberen? Daß dat von denen ausgeht?

HERBERT Dat sind doch die Bosse!

HEIDE Dat sind eure Chefs, aber mehr doch nicht!

HELGA Und weißt du denn, was die Gewerkschaft unternehmen wird?

HERBERT Ich weiß so viel, daß ich zum 1. April ne andre Arbeit anfangen muß.

HEIDE Und warum bist du gewerkschaftlich organisiert? Was tut denn die Gewerkschaft für dich? Was weißt du davon?

HERBERT Die kommt!

HEIDE Dat hoffst du . . .

LUDWIG Gabs früher irgendetwas, wer is auf de Bank gesprungen, in de Kaue, der Clemens: »Solln wir uns dat gefallen lassen, Kameraden?« Der hat irgendwie Rabatz gemacht.

HEIDE Er hat was erreicht, und darum haben sie ihn abgeschossen.

LUDWIG Das wäre nämlich anders geworden, wenn der Clemens K. heute noch da wär. Wenn er heute noch der Betriebsratsvorsitzende wär, dann wär die ganze Versammlung auseinandergegangen, dann wär man auf die Stühle gestiegen und hätt dann irgendwie eine Revolution ermöglicht oder irgendetwas getan. Aber unser Betriebsrat hat ja gleich von vornherein gesagt: »Ruhe bewahren, was klagt ihr die Leute an.« Der Clemens K. war ja ein hundertprozentiger Kommunist, das is klar, das ist einwandfrei erwiesen. Und Clemens war ja nebenbei auch ein hundertprozentiger Gewerkschafter. Er hat ewig immer gesagt: »Leute, geht nich aus de Gewerkschaft raus. Gewerkschaft muß sein.«

HERBERT Trotzdem, der erste Mann, heute vormittag, der rauf kam, der fing gleich auf die KPD an zu schimpfen. Ham viele gesagt: »Hör doch, wat der fürn Mist erzählt.« Aber im Grunde genomm hatte der recht. Die Kommunisten sitzen noch überall drin ... Der Ostzonen-Sender sagt vorn halbet Jahr: »*Rheinbaben-Möller* wird stillgelegt.« Da ham die gesagt: »Wat ne Gemeinheit, wie kann der dat schon wissen.« In de Zeitung wurd dat widerrufen. Paar Wochen später, auf einmal, bautz, kriegen die Leute n Brief ins Haus: stillgelegt.

HELGA Dat is alles nur Schikane. Wir treiben von hier Schikane gegen da, und von da wird Schikane getrieben gegen hier. Im Grunde genommen sind wir doch alles Deutsche.

LUDWIG Dat eine will ich mal sagen, wenn dat hier so weiter geht, dann werdet ihr nich mehr in de Zeitung lesen: 72 Menschen kamen diesmal über de Zonengrenze nach Westdeutschland, dann heißt dat: 500 Mann sind nach Ostdeutschland rübergeflüchtet. Und dann müssen wir hingehen und müssen euch erschießen.

HERBERT So weit kommt dat noch.

HELGA Ich für mein Teil, ich würd nich rübermachen.

HEIDE Warum nicht?

HELGA: Dat wär mir zu weit. Man hat die Verwandtschaft hier und so, nicht?

HEIDE: Ja, aber wenn das so weiter geht, muß man sich das ja überlegen.

LUDWIG Ham billige Wohnungen ...

HELGA Und meinst du denn, die hungern da?

HEIDE Denen gehts bestimmt genauso gut wie uns.

HELGA Wer arbeitet, hat da auch. Das is Stuß, wat die hier erzählen.

LUDWIG Da drüben das Regime ist eben nur genauso wie hier früher die Naziherrschaft war, bist du in der Partei, bist du gut angeschrieben.

HELGA Ach, so schlimm soll dat überhaupt gar nicht sein! Der eine is eben in der Partei, der andre nich.

HEIDE Ja, du kannst da drüben vielleicht nicht so deine Meinung äußern, und du kannst nicht so verreisen ...

HELGA Kannst se denn hier sagen?

HEIDE Im Moment noch, aber wer weiß, wie lange.

HELGA Im Moment noch, du darfst sagen, was de willst, aber du darfst kein Namen dabei nennen. Nenn mal den Namen, dann holn sie dich auch.

LUDWIG Nein, hier kann ich in die Öffentlichkeit gehen und ...

HELGA Ach, komisch! Der *Spiegel* hat seine Meinung geäußert, und wat ham se gemacht: die ham se alle verknackt!

HERBERT Ob einer Kommunist is oder nich, is doch alles Kappes.

LUDWIG Wat ham wir denn heutzutage noch? Wir sind doch genauso kleine Kacker wie die in de Ostzone.

HELGA Ja nun, der richtige Kommunismus, der soll ja sogar gut sein.

LUDWIG Sicher soll der gut sein. Der is sogar gut. Weshalb geht der Staat nich hin und sagt: So. Meine ganzen Zechen, die ich hab im Bundesgebiet, die verstaatliche ich ...

HELGA Der Kommunismus ist vielleicht noch besser wie die CDU.

HERBERT Der eine hat doch gesagt: »Mit de Ostzone könn wir Handel treiben. Die Ostzone sucht Bergleute, die braucht nämlich Kohle.«

HELGA Und der Russe, der hat schon oft Angebote gemacht, der wollte deutsche Kohle haben, warum geben se ihm denn nich ...?

LUDWIG Der Amerikaner, der schüttet jährlich zig Millionen Tonnen Weizen im Meer – und der Chinese hat Hunger.

HERBERT Ja, warum? Warum?

LUDWIG Dat is doch Politik is dat!

HEIDE Dat is ne falsche Politik, in allem.

HERBERT Dat is EWG-Politik ...

LUDWIG Geh doch mal hin nach die Zeche *Rheinbaben* und sag doch mal: »Ihr habt da 80 000 Tonnen auf de Halde liegen. Wie is dat, verkauf mir die Tonne Kohle für 40 Mark.« Dann sagt der: »Bist du wohl bekloppt, wa? Ich werd doch keine Tonne Kohle für 40 Mark verkaufen.«

HERBERT Wat kostet den Unternehmer die Tonne Kohle?

LUDWIG Dat weiß ich nich.

HEIDE Die haben uns ganz schön runtergewirtschaftet. Die haben allen immer versprochen, nach dem Krieg: wir nehmen euch dies ab, wir nehmen euch das ab – und haben gar nicht daran gedacht, daß wir ja hier selbst genug Kohle haben.

HERBERT Warum wird nun nicht nach Belgien, Frankreich und so zugemacht, warum müssen wir von denen noch Kohle nehmen? Wenn die draußen bleiben, Mensch, da können wir noch Zechen aufmachen!

LUDWIG Adenauer hat damals unterschrieben ...

HERBERT Die alte Schmalzbacke.

LUDWIG Na, wir haben den Krieg verloren ...

HELGA Weißt du denn nich, daß der kleine Michel den ganzen Krieg bezahlen muß, dat war in jedem Krieg so.

HERBERT Ich würd dat hundertprozentig begrüßen, wenn der Deutsche sagen würde: Grenzen schließen, kommt keine Kohle mehr rein Wenn ihr wat wollt: kommt – laß jucken!

LUDWIG Ja, das wär eine reelle Spielregel.

HERBERT Aber wir lassen uns treten. Der eine sagt: hoi – dann gehste da hin; der andre sagt: hü – dann gehste da hin. Wer hat uns denn hoch gebracht? Der Adenauer nich! Der Ami hat alles reingepumpt ...

HELGA Hochgebracht? Hochgebracht hat uns der Bergmann!

LUDWIG Deswegen werden die Pütts ja auch nur symbolisch geschlossen!

HELGA Nee! Was einmal zu ist, kannste nie wieder aufmachen!

LUDWIG Der Bergwerksdirektor, der Doktor S., der sagt: »Ich bin ja auch arbeitslos, hab ja auch den Umzug schon zweimal mitgemacht.« Was für n Umzug denn? Der wohnt in Herne, der kommt zwei, drei Mal nach *Rheinbaben* mit n dicken *Mercedes* hin, fährt an, fährt wieder raus mit seine Glacée-Handschuh – ist doch für ihn der Kuchen gegessen. Die Dummen sind wir dabei.

HEIDE Sicher, die Dummen seid ihr dadurch, ihr habt ne längre Anfahrzeit und alles.

LUDWIG Wie die auch gesagt haben: öffentliche Verkehrsmittel in Anspruch nehmen, dat wird dann bezahlt. Dat heißt doch alles nix. Jetzt hab ich hier ne ungünstige Straßenbahnverbindung, wat nützt mir dat Geld? Wenn ich morgens um 6 anfahren muß, in *Waltropp*, dann muß ich wenigstens um 1/4 nach 4 aufstehen. Wann komm ich nach Haus? Is ja auch schon 4 Uhr. Ich muß ja jeden Abend um 7 Uhr im Bett gehn, damit ich morgens ausgeschlafen hab. Wat bleibt denn von meine Freizeit? Bleibt ja nichts.

HEIDE Aber vorläufig soll man erst mal abwarten. Man soll sich nicht ins Bockshorn jagen lassen. Die möchten wahrscheinlich gerne, daß viele sofort abspringen, freiwillig, nich ...

LUDWIG Selbstverständlich, damit rechnen die. Was bleibt denn von der Belegschaft, von den 100 Prozent? 50 Prozent werden Invalide, Früh-Invalide. Von den andern 50 Prozent schulen soundsoviel um. Den einen oder andern wird der Arbeitsweg zu lang. Die Herren da oben, die wissen dat ganz genau!

HELGA Aber solange die Geld vom Staat kriegen, macht ihr gar nichts da dran.

HERBERT Mensch, Helga, wenn du heute dabei gewesen wärst ... Verdammt, ich hab n schönen Tag gehabt! Wirklich. Nur einmal sehn, wie die Bonzen da rumtanzen. Der einfache Arbeiter, der einfachste Bergmann, der gar nichts aufn Kasten hat, der konnte denen doch die Worte widerlegen! Und dat ham se hinreichend jetan. Die ham vom kleinen Kumpel, von so einen kleinen Kumpel, Zunder gekriegt, da is denen der Kopp angeschwolln. Von der Geschäftsführung der, der hat hinterher dagestanden, der wußt gar nich mehr, wat los war. Als wenn er sagen würde: »Los, wir haun ab!«

LUDWIG Der hat dann gar nichts mehr gesagt ...

HEIDE Aber meinste, damit habt ihr was erreicht?

594 Materialien zum Leben und Schreiben der Marieluise Fleißer
595/596 Ernest Mandel, Marxistische Wirtschaftstheorie
597 Rüdiger Bubner, Dialektik und Wissenschaft
598 Technologie und Kapital. Herausgegeben von Richard Vahrenkamp
599 Karl Otto Hondrich, Theorie der Herrschaft
600 Wislawa Szymbroska, Salz
601 Norbert Weber, Über die Ungleichheit der Bildungschancen in der BRD
602 Armando Córdova, Heterogenität
603 Bertolt Brecht, Der Tui-Roman
604 Bertolt Brecht, Schweyk (im zweiten Weltkrieg), ediert und kommentiert von Herbert Knust
606 Henner Hess / Achim Mechler, Ghetto ohne Mauern
607 Wolfgang F. Haug, Bestimmte Negation
608 Hartmut Neuendorff, Der Begriff d. Interesses
610 Tankred Dorst, Eiszeit
611 Materialien zu Horvaths »Kasimir und Karoline«. Herausgegeben von Traugott Krischke
612 Stanislaw Ossowski, Die Besonderheiten der Sozialwissenschaften
613 Marguerite Sechehaye, Tagebuch einer Schizophrenen
614 Walter Euchner, Egoismus und Gemeinwohl
617 Probleme einer materialistischen Staatstheorie. Herausgegeben von Joachim Hirsch
618 Jacques Hochmann, Thesen zu einer Gemeindepsychiatrie
619 Manfred Riedel, System und Geschichte
620 Peter Szondi, Über eine freie Universität
621 Gaston Salvatore, Büchners Tod
622 Gert Ueding, Glanzvolles Elend
623 Jürgen Habermas, Legitimationsprobleme im Spätkapitalismus
624 Heinz Schlaffer, Der Bürger als Held
625 Claudia von Braunmühl, Kalter Krieg und friedliche Koexistenz
626 Ulrich K. Preuß, Legalität und Pluralismus
627 Marina Neumann-Schönwetter, Psychosexuelle Entwicklung und Schizophrenie
628 Lutz Winckler, Kulturwarenproduktion
629 Karin Struck, Klassenliebe
630 Alfred Sohn-Rethel, Ökonomie und Klassenstruktur des deutschen Faschismus
631 Bassam Tibi, Militär und Sozialismus in der Dritten Welt

632 Aspekte der Marxschen Theorie 1
635 Manfred Jendryschik, Frost und Feuer, ein Protokoll und andere Erzählungen
636 Paul A. Baran, Paul M. Sweezy, Monopolkapital. Ein Essay über die amerikanische Wirtschafts- und Gesellschaftsordnung
637 Alice Schwarzer, Frauenarbeit – Frauenbefreiung
638 Architektur und Kapitalverwertung
639 Oskar Negt, Alexander Kluge, Öffentlichkeit und Erfahrung
640 Probleme des Sozialismus und der Übergangsgesellschaften. Herausgegeben von Peter Hennicke
641 Paavo Haavikko, Gedichte
642 Martin Walser, Wie und wovon handelt Literatur
643 Arzt und Patient in der Industriegesellschaft. Herausgegeben von Otto Döhner
644 Rolf Tiedemann, Studien z. Philosophie Walter Benjamins
646 H. J. Schmitt, Expressionismus-Debatte
647 Über Peter Huchel
649 Renate Damus, Entscheidungsstrukturen und Funktionsprobleme in der DDR-Wirtschaft
650 Hans Ulrich Wehler, Geschichte als Historische Sozialwissenschaft
659 Heinar Kipphardt, Stücke I
660 Peter v. Oertzen, Die soziale Funktion des staatsrechtlichen Positivismus
661 Kritische Friedenserziehung
662 Thesen zur deutschen Sozial- und Wirtschaftsgeschichte 1933 bis 1938
663 Gerd Hortleder, Ingenieure in der Industriegesellschaft
664 Hans Setzer, Wahlsystem und Parteienentwicklung in England
665 Alexander Kluge, Lernprozesse mit tödlichem Ausgang
670 Peter Bulthaup, Zur gesellschaftlichen Funktion der Naturwissenschaften
671 Materialien zu Horváths ›Glaube Liebe Hoffnung‹. Herausgegeben von Traugott Krischke
672 Reform des Literaturunterrichts. Eine Zwischenbilanz. Herausgegeben von H. Brackert und W. Raitz
674 Monopol und Staat
676 George Lichtheim, Das Konzept der Ideologie
677 Heinar Kipphardt, Stücke II
678 Erving Goffman, Asyle
679 Dieter Prokop, Massenkultur und Spontaneität
682 Dieter Hofmann-Axthelm, Theorie der künstlerischen Arbeit
683 Dieter Kühn, Unternehmen Rammbock
689 Martin Walser, Die Gallistl'sche Krankheit

Alphabetisches Verzeichnis der edition suhrkamp